神奇汉字

神奇

汉字

上

刘烈中 著

中国文联出版社
http://www.clapnet.cn

图书在版编目（CIP）数据

神奇汉字 / 刘烈中著 . -- 北京 : 中国文联出版社，2015.1（2024.8重印）

ISBN 978-7-5059-9684-7

Ⅰ.①神… Ⅱ.①刘… Ⅲ.①汉字-研究 Ⅳ.

① H12

中国版本图书馆 CIP 数据核字 (2015) 第 040998 号

神奇汉字

作　　者：刘烈中	
出 版 人：朱　庆	
终 审 人：奚耀华	复审人：王　军
责任编辑：郭　锋	责任校对：刘晓红
封面设计：凤凰树文化	责任印制：周　欣

出版发行　中国文联出版社

地　　址：北京市朝阳区农展馆南里 10 号，100125

电　　话：010-65389139（咨询）65067803（发行）65389150（邮购）

传　　真：010-65933115（总编室），010-65033859（发行部）

网　　址：http://www.clapnet.cn

E - mail：clap@clapnet.cn　　guof@clapnet.cn

印　　刷：三河市宏顺兴印刷有限公司

装　　订：三河市宏顺兴印刷有限公司

法律顾问：北京市天驰洪范律师事务所徐波律师

本书如有破损、缺页、装订错误，请与本社联系调换

开　　本：880×1230		1/32	
字　　数：164 千字		印　　张：7.125	
版　　次：2015 年 6 月第 1 版		印　　次：2024 年 8 月第 3 次印刷	
书　　号：ISBN 978-7-5059-9684-7			
定　　价：42.00 元			

目　录

第一章　高科技发现汉字伟大

第二章　魅力汉字

第三章　杰出功能让汉字一览众山小

第一章　高科技发现汉字伟大

第一节　拼音文字传播快捷

人类与动物有种共同的本能，这就是语言。但人类语言又不完全取决于本能，高度依赖于人类发明的文字。文字可拓展语言功能，并使语言优雅化。

各民族的精英们发明了众多文字。从出发点分类，大致可分为两大类：一类是围绕语言而发明并作为记录语言的书面符号的拼音文字（表音文字）；另一类是围绕周围世界万事万物概念而发明的表意文字（形意文字），以汉字为代表。

任何语言均可表达某种含义。拼音文字就是直接表达读音的文字。由音及义，含义作为第二属性，"隐形"寄存在各音节里。

表意文字正好相反，字形直接表达含义，不直接表示语音。如果说阿拉伯数字 0 ～ 9 可称为智慧笔画型数字符号的话，汉字则可称为智慧笔画型文字。与此相应，拼音文字则可称为语言进化型文字。进化体现在语法系统的建立与完善，规范辅助表意及语句组织机制。

专家的实验研究似乎也支持两类文字的界定。"结果发现，汉字与拼音文字的最大区别是：拼音文字主要是音码刺激，在人左脑发生作用；而汉字具有音码、形码（图形）、义码三种不同的刺激，在人左右脑同时发生作用。"（翰承著，《汉字百问》，上海古籍出版社，2002年4月第1版，第24页。以下将此书简称为《百问》）。学习汉字左右脑并用显然有利于开发左右脑功能，何况聪明的汉字充满智慧，这正是本书所要阐述的关键之一。

拼音文字的优越性在于作为文字载体的字母仅数十个，简洁明快，书写传播快捷，就像仅用调频调幅两种方式的载波（将载波频率或振幅按其传播信号规律变化，称为调频或调幅）来传播音频视频信号一样，方便快捷。

拼音文字的传播面广，其实还应归功于西方国家资本主义发达较早并富于扩张，在全球进行殖民主义扩张统治，在掠夺财富的同时，也将包括语言文字在内的西方文明带到世界各大洲，从而有力地推动了拼音文字在全球的广泛传播。

第二节　与时俱进　与日俱增

历史长河乃是开环系统，人类使用文字肯定有始无终。但任何文字皆非死水一潭，均有新陈代谢之过程，旧词汇凋亡，新词汇新生将不可避免。因而，开环文字系统最显著的特征是：词汇总量和缩略语与时俱进，与日俱增。

据悉，英文《韦伯斯特大辞典》所收单词几乎达到100万之多，缩略语词典 *Crystal*（1998）收词也超过40万条。当然，词汇总量和缩略语绝对不可能就此止步，依然会与日俱增，"雪球"将越滚越大，以至于可能会导致使用者将感觉到知识爆炸般不堪重负。

长期在美国从事教育工作的唐德刚老师在《胡适杂忆》中讲："一个人如果想把五磅重的星期日《纽约时报》全部读通，则非认识五万单字不可！五万字比《康熙字典》上所有的字还要多！我们非要认识全部《康熙字典》上的字，才能看懂星期天的报纸，岂非20世纪一大笑话？拼音文字就是如此啊！"

《汉字百问》一书作者翰承在该书第15页提到："有报道说，《纽约时报》出版人阿瑟·苏兹贝格在一次美国全国成人文盲研讨会上说：'今天，有6,000万美国人——占成人总人数1/3——看不懂当地的报纸。'"

可巧了，作家韩少功在华师大的讲演"现代汉语再认识"（载于上海《文汇报》2006年8月6日6版）中也提到："在美国，你要一般老百姓说出'四环素''变阻器''碳酸钙''高血压''肾结石''七边形',更是强人所难。"

以上三例难道是英文的个别现象吗?绝对不是,这恰好暴露出开环系统文字的本质问题——新词汇与缩略语在与时俱进中与日俱增。英文如此,德文如此,法文、俄文等均如此。

难道文字本该如此,所有文字均如此吗?难道这是文字不可逾越的鸿沟吗?请读者带着这一系列疑问与一颗勇于探索、善于比较鉴别的心细细琢磨令人耳目一新的汉字之种种神奇吧。

第三节　当代多种高科技透视出汉字的真谛

与时俱进，与日俱增，乃是拼音文字难以逾越的鸿沟，可谓拼音文字的世界难题。神奇的汉字一举攻克了这道难题，成功地逾越了这道鸿沟。

我们不禁要问：聪明的汉字是怎样攻克拼音文字的这道世界难题，如何大步跨越拦在拼音文字面前的鸿沟？如果一味从汉字的起源之类的角度出发，显然难以令人信服地阐明问题的关键。幸好，作为全球唯一存活至今的古老的、最长寿的文字，竟然令人难以置信地，奇迹般地"活"在当代多种高科技的创造性闪光思维中，"活"在自然界最普遍的繁衍规律中。因此，让我们借助于多种高科技原理或成果以及自然界最普遍的规律来探索汉字无比深奥的真谛吧。

一、汉字系统与指令系统的神似

为何说汉字"活"在多种高科技创造性的闪光思维中？因为，这几种高科技创造性闪光思维折射出汉字的万丈光芒。何以见得？

让我们先从直接控制计算机操作，即命令计算机做什么，怎么做的命令系统——指令系统说起吧。

毕竟，二者均系与人直接关联的信息交流的符号系统，仅仅是，汉字乃人与人之间交流，而指令乃人与机器（电脑）之间交流；汉字涉及万事万物的交流，指令仅涉及数字控制与计算方面的技术交流，仅此区别而已。

二者的共同点是，均涉及符号识别问题，均存在与时俱进的问题。当然，二者也均是精英们的创造发明，精心设计出来的可供识别交流的信息符号，因而是可供相互印证的信息符号。事先确认这点极其重要，以免到头来相互比较了半天，依然有观点认为二者风马牛不相及则将前功尽弃。

1. 汉字与指令的共同"语言"——信息符号表意

首先，信息符号为什么要直接表意？

对计算机指令来说，普通数字电路极易实现数字的各种组合来完成指令赋予的各项任务，即机器较易实现对数字的识别，而数字乃表意符号。但声音却是个频带，须采用比数字电路集成度更高的语音电路来实现识别。电路复杂，成本更高，更难精确地实现识别，因而，指令表意而不表音。

对汉字来说，因汉字起源于象形文字，并有数千年历史。表意汉字在历史的长河中经受了各种时代和社会的千锤百炼，不断完善、成熟，终于成为全球唯一存活至今而又青春焕发、生机勃勃的古老文字，充分显示出其无比强大的生命力。因而，汉字的表意并非是"选项"，而是先天注定的，经受过各种严峻考验的。

其次，信息符号表意有何优越性？对照拼音文字的种种表现，表意文字确实有其得天独厚的优越性。

（1）前文已述，专家实验表明：拼音文字仅音码刺激左脑，刺激面较少；而汉字有音码、形码（图形）、义码三种不同的刺激，对人左右脑同时发生作用，更利于益智。

（2）一般而言，掌握三千汉字基本上等效于拼音文字掌握三万单词对阅读和写作所达到的效果（参见前述作家韩少功在上海华师大的讲演）。如果拼音文字指英文的话，二者恰好是各自总音节数的近 3 倍。因此，三千汉字和英文三万单词对阅读和写作的作用效果基本等效有其科学的一面。

（3）最关键的是，表意汉字和表意指令构筑起一道任何拼音文字无法实现，只有表意符号才能实现的信息符号层次——字和指令层次。

这是个神圣的文字层次和指令层次。其神圣性在于具有无限美好的前瞻性，而前瞻性来源于与时俱进的无限拓展性等效地取代了与时俱进产生的与日俱增烦恼——不断膨胀烦恼，从而使汉字与指令在并不膨胀的前提下又能与时俱进地应时拓展，其奥妙在于：

对指令而言，在计算机硬件功能所涉及的范围内，几百条指令不可能包罗万象，但有一条指令——子程序调用指令可弥补此缺憾。编程者可针对编程要求，另行设计一些所需的实用小程序，即子程序，并置于主程序之外。在主程序中实时地采用子程序调用指令调用之，完全等效于新增了一条条新指令。因而，指令系统无须采用膨胀式的与时俱进适应时代要求，从而实现有限总量（指令总数）的无限应用之高度统一。

当然，功能各异的子程序所需的指令面显然应该相当广泛，这就要求指令系统必须涵盖其功能所及范畴，才能使子程序的编制不至于成为无米之炊，即指令系统必须面面俱到，此乃必要条件。有了子程序调用指令，便使面面俱到的指令系统在其功能所及范围内，精细化延伸，升格为包罗万象系统。

毕竟指令系统仍应归为涵盖采样、各类计算及自动控制等的技术系统，其所涉及面无疑远比人类语言文字所涉及范畴狭窄得多。

作为全球唯一存活至今的古老文字，汉字必然有一套非常适合与时俱进的生存方式，当然比指令系统更神奇更前瞻。

先于指令系统诞生数千年的汉字系统，利用万千汉字本身涵盖方方面面，包罗万象，它所代表的单字词涵盖绝大部分基础词汇。更为神奇的是，其三三两两的搭配，完全可升华出各历史时代所需的一切多字词的要求。

汉字就是如此奇妙，作为一个文字层次，本身涵盖了绝大部分基础词汇；又通过其三三两两的搭配，完全能与时俱进地满足任何时代对新词汇的全部需求。仅仅是对极其缓慢发现的新元素名称的命名，按惯例要求单个汉字时才需新造汉字。半个多世纪也只不过新增十几种元素。如最近几十年新增的 104 ～ 112 号元素为

104 号：𬬻（Rf）　　105 号：𬭊（Db）　　106 号：𬭳（Sg）

107 号：𬭛（Bh）　　108 号：𬭶（Hs）　　109 号：鿏（Mt）

110 号：𫟼（Ds）　　111 号：𬬭（Rg）　　112 号：鿔（Cn）

全都是音读半边的新汉字，人们并不会感到怎么陌生，几乎都能猜到这是表示新金属元素名称的汉字。但拼音文字名称却未必有如此便利。

五四运动之前，汉字中第三人称并无女性"她"字，是刘半农先生发明用"她"来表示女性第三人称的。

相对于英文几乎每年新增一两万新词（参见作家韩少功在上海华师大的讲演），汉字确实幸运多了。汉字新增速度极其缓慢，相对英文而言甚至可忽略不计。

顺便提件趣事。汉字库中有不少弃之未用的冷僻字，近年来因作家作品中和电影片名中使用了一个冷僻字"囧"，竟然一炮打响，一用就走红。冷僻字"囧"变成了热词，电影《泰囧》票房创新高。

在 2005 年出版的第 5 版《现代汉语词典》中未收入该字，仅在上海辞书出版社出版的《现代汉语新词语词典》（2009 年

11 月第 1 版）中收录了该字及其 5 个词语。由于冷僻字变成了热词，报纸杂志介绍也多，但释义较杂，不完全一致。比较起来，应该以该书释义为准好些。在此，将该书第 161 页至 162 页的词语释义摘抄如下：

［囧］（jiǒng）（形）郁闷无奈或极为尴尬的心情。

［囧吧］（名）交流"囧"文化的场所论坛或贴吧等。

［囧倒］（动）表示被震惊甚至达到无语的地步。

［囧剧］（名）指带有轻松喜剧色彩、缺乏深度的电视剧。

［囧片］（名）指带有轻松喜剧色彩，没有什么深度内涵的电影、电视剧。

［囧事］（名）让人感到郁闷、啼笑皆非或无奈的事。

琢磨上述释义，或者有利于理解"泰囧""人在囧途"等之类的话语。另外，"囧"字切不可错写为"冏"，方框内并无独立的"口"字，大框小框下边相连。

当然，该字亦应与释义为光或明亮的"冏"字区别开来。尽管该字在古代的本义是窗户透亮，引申指明亮（见《咬文嚼字》2013 年第 3 期第 3 ~ 11 页张骏的文章"没有'囧途'"）。既然"冏"字释义为光或明亮，所以以上海辞书出版社的上述释义为准好些。

2. 搭配升华潜力无限

信息符号表意确实很伟大，很神奇，在历史长河中新增汉字几乎可忽略不计，又可从众多现成的汉字中搭配升华出任何时代所需的任何新词语。汉字的与时俱进令任何拼音文字不可思议，望尘莫及。

汉字搭配升华的潜力无限，甚至可根据数学公式进行定量分析：

搭配升华是表意汉字意义的组合延伸乃至升华——提高和精

炼。如自古有之的七个字——维、生、素、无、线、电、脑，可搭配升华出维生素、无线电、电脑三个词汇。

维持人和动物营养、生长所必需的某些营养素称为维生素。维生素几乎可看成是释义语句的缩略语。旧译名维他命乃音译名（英Vitamin）。显然，意译名有所升华。

不用导线而用电磁波传送信号的通信技术及其设备称为无线电。无线电同样可视为释义语句的缩略语。

电脑指电子计算机，但中文名称（日文也称电脑）更突出作为智能仪器的电子计算机具有模仿部分人脑功能的作用，更容易理解其分析判断的智慧能力。当然，这种能力是基于大量数据复杂的计算结果。

在全球所有文字中，唯有"电脑"这一名称最恰当地表达出该智能仪器的本质特征，又特别容易记忆，可谓全球最佳名称。不但中国人爱用"电脑"这一名称，日本人也爱用此名称，很少用computer（计算机）这一名称。

由此可知，搭配升华的必要条件是，既要有足够的表意文字，又要有能组合的表意文字，即文字间存在某种逻辑关系。对文字库而言，要求面面俱到、包罗万象应有尽有，可供海选，绝对不致发生巧妇难为无米之炊现象。汉字库正是这样一座极其丰富多彩的文字库。

为了确保能海选出有搭配升华潜力的汉字，在8105个通用规范汉字中，仅选10%（810个汉字）进行计算，搭配潜力也是海量。

根据数学公式，从m个字中取n个字进行排列组合的公式为

$$A_m^n = \frac{m!}{(m-n)!}$$

此处，m假定为810，n分别为2或3或4。

考虑到，n越大，潜力越大（因分母越小），故只计算2字

的搭配潜力就行。

$$A_{810}^2 = \frac{810!}{(810-2)!} = \frac{810 \times 809 \times 808 \times \cdots \times 1}{808!} = 655290 \approx 65.5 \,\text{万}$$

定量分析显示，仅 10% 通用汉字进行 2 字搭配，竟有 65.5 万以上的排列组合潜力。3 字、4 字搭配潜力更为巨大。

必须指出，（1）上述定量分析具有统计学意义。

实际上的汉字不止 10%，而是绝大部分均具组合能力，只是能力有强有弱，但不一定完全满足数学公式。当然，取 10% 进行完全符合数学公式要求计算，是有一定参考价值的。

（2）汉字能高质量地满足与时俱进的社会总需求。

从数千年来各种社会形态的实践看来，汉字的确能非膨胀式地与时俱进，不仅能满足任何时代对新造词语的需求，而且，往往是高质量地满足。

如旧译名为维他命、莱塞（Laser）这两个外来语词汇，意译后变为维生素、激光，无疑提高了一个档次：维生素一词能望文生义；激光一词更击中激光形成机理，即某些物质原子中的粒子受光或电的激发后，会在高低能级间产生跃迁和受激辐射，放射出相位、频率、方向完全相同的光——激光。其特点是颜色纯，能量高度集中，应用十分广泛。

激光一词的出现表明，世界上最新兴的科技概念，汉语词汇能最贴切地表达出来，有识之士甚至认为可作为其他语种的参考。

前述有关冷僻字"囧"的 5 个新词语——囧吧、囧倒、囧剧、囧片、囧事，同样是高质量地满足时代对新词汇的需求，即充分满足了年轻一代对郁闷无奈、啼笑皆非或极为尴尬的心情幽默地发泄或轻松地表达、搞笑地表达。

（3）提升意译和音译名词品位。

前述电脑、维生素、激光等新名词品位均高于原词。神奇的汉字在翻译领域提升意译和音译名词品位确实大有作为。创造性的带意译的音译名具有声音和意义二者兼顾的双重作用，具有其他文字难以达到的音意俱佳的倍增效应。典型译名有黑客、可口可乐和百事可乐等。

①黑客——英文 Hacker 的音译名。指擅自闯入他人计算机程序系统，制造病毒，恶意地破坏计算机程序系统，对计算机系统造成危害的恶作剧者，以及盗打电话、盗刷信用卡的坏家伙。

巧的是，中文音译词语，看上去倒更像意译词语：电脑世界的黑色客人——黑客，确实是坏家伙、害群之马。音意兼顾或许是种巧合，确也表明，形音义高度统一的表意汉字，确实存在优于拼音文字的传神之处。

②可口可乐与百事可乐

重赏之下必有勇夫，洋品牌的翻译重金悬赏出誉满全球的中文饮料名——可口可乐（Coca Cola），不失为有影响力的典型佳作。

可口可乐，简直是句绝佳广告语。朗朗上口，创意新颖，惟妙惟肖，较之洋名本身品位大幅提升。千亿美元的品牌价值终于有了名副其实、音意俱佳的中文名称。因而，可口可乐打入巨大的中国市场，畅销不衰，让洋人在中国赚得盆满钵满。其实，健康专家指出，可口可乐之类的碳酸饮料于健康并无益处，消费者只图可口，对健康并无可乐可言，可乐的绝对是洋老板。可口可乐实际上是对消费者和老板分别而言的。

可口可乐获得巨大成功，百事可乐（Pepsi）又粉墨登场，紧随其后打入中国市场。百事可乐犹如万事如意般。文学语言的百事、万事并无数学意义上的数量级（差二个数量级）之差别，其实皆指事事、所有事。吉祥名称饮料在中国人的心理上和洋老板的钱袋里双双获得满足和丰收。饮料界的洋老板的确应该大力感谢汉字的神奇和伟大。

对外来语词汇的翻译，就拼音文字之间，如英文德文之间的翻译而言，几乎就是相应字母或音节之间的"对应转换"，似乎谈不上是种再创作，也毫无创意可言。

而拼音文字与中文之间的词语翻译，则大有考究。维生素和激光的旧译名维他命和莱塞是音译名，乃音节的"对应转换"，省事却无创意。结合科学思维的意译名就像缩略语那样，品位大幅提升。像黑客、可口可乐、百事可乐这样的音译名，经过呕心沥血地再创作，有所升华，增色不少。汉字，的确是高质量地与时俱进。

冷僻字"囧"的再热现象表明，年轻人爱在文字上搞笑，这同样表现在音译词语上。如，全球最大的社交网站 Face-book，中文名为脸谱，是意译名，搞笑者则将其音译为"非死不可"。尽管搞笑，却颇为流行。搞笑音译名确实也较易记住原文。当然，正式场合不宜提倡搞笑音译。

（4）音译名促成声音意义上的搭配升华。

声音意义上的搭配升华可分四种情况。其一，具有音意兼顾倍增效应的搭配升华，如上述可口可乐、百事可乐、黑客等优秀译名。其二，汉化的半音半意外来语词汇，如卡车、涤棉布、卡宾枪、卡介苗（以法国科学家卡默特和介林首先制成的预防结核病的疫苗，很典型的半音半意外来语名词）等。其三，全汉化的音译名，因使用年代久远，几乎完全融于汉语常用词汇以及习以为常的一些外来语词汇中，如坦克、逻辑、卡其（咔叽）、咖啡（英coffee）、喀秋莎（一种火箭炮，原文为俄文 Катюша）等。其四，带典型洋气的外来语词汇，如阿司匹林、卡托普利等西药名及卡通等，促成原本并无关联的几个汉字被赋予了外来语涵义而升华为外来语词汇，实际上就是未完全汉化的音译名词词汇。

3. 双核多效——基本单元双核结构显奇效

表意信息符号何以能受到智能识别系统——人脑和电脑的赏识？答案是，表意的信息符号大多数具有双核结构。大部分指令和绝大部分（80%以上）汉字具有双核结构。

对指令而言，双核指操作码和操作数。前者告诉计算机做什么，即进行什么操作；后者告诉机器怎么做，要用到哪些数据，数据即操作数。如前面提到的子程序调用指令。对于应用较为广泛的单片机——MCS–51单片微型计算机（本书以此型号为例）来说，有前后半页小范围内的短调用指令Acall和在全范围内调用的长调用指令Lcall。前者操作数仅1个字节（其高3位二进制码隐藏在操作码的高3位内），后者操作数为2个字节。

对汉字而言，双核指意符和音符。如蚊、铱、妈三个字，左旁均为意符，右旁均为音符。

值得指出的是，指令与汉字在结构方面存在神似的多重对应关系：

（1）二者大多数为双核，双核间的关系均为主从关系。

对于指令而言，操作码是主体，是第一性的；操作数服从于操作需要，是从属关系，并与操作码一道完成该操作。

（2）操作码和意符、操作数和音符存在对应关系。

其一，在结构角色上，操作码对应意符，均扮演主角；操作数对应音符，均扮演配角。结构角色对应神似。

其二，二者均有少部分省略型结构。而且，省略型结构同样存在多重神似对应：

①省略角色神似：二者均省略作为配角的操作数和音符。

②省略名称中均存在单字：如从子程序返回指令和空操作指令等指令均为单字节指令；土、木、山、上等汉子称为单体字（独体字）。

③对整体而言，二者的省略型均占少数，也属神似对应。

（3）作为主角的操作码和意符通常由1个部件组成；而作为配角的操作数和音符的部件可多至若干个，少至1个或没有（没有即为省略型结构）。

对本书所指定的单片机型号而言，指令系统能胜任的操作种类达255种已足矣，恰好是1个字节表达数据0～255的范围之内，故操作码1个部件（1个字节）足够。

对汉字而言，意符仅起字义的提示作用，1个即够，多了反而会被弄糊涂，无所适从。故操作码和意符通常由1个部件组成。

为什么操作数和音符较多或可省略？

先谈省略，对指令而言，操作数可隐藏在操作码内或由芯片内部决定。

对汉字而言，省略型为单体字，因笔画少醒目易记，可使文字简洁明快。况且，单体字往往用作大量汉字的构字部件，会像字母那样反复接触到，只有单一形体更易记忆，故完全可省略音符，无需双核。也就是说，作为不少汉字的构字部件的汉字，单核足矣，故音符可省略。

再谈较多，对指令而言，因计算机实际上就是对大量数据进行处理的机器，因而，存放数据的"抽屉"——寄存器显然众多，故字节数较多，即部件较多。

对于汉字，一个意符下通常有几个、几十个甚至几百个汉字，区分众多汉字的任务皆落在音符上面，故其部件较多。如：江、湖、灌、瀛，音符部件依次为1、2、4、5。

那么，对指令和汉字来说，双核表意单元有何奇效呢？

对某一重要参数进行等效变换可有效扩大指令或汉字的受众面，大幅提升使用者的理解、记忆、书写和应用能力。对汉字来说，更可数千年一脉相承。因而，等效变换乃表意单元弥足珍贵的功能，是表意单元的奇效之一。

对指令而言，等效变换指对已固化的数字表意符号表达的机器码指令，改写成完全等效的助记符指令——汇编语言指令。如，乘法指令，单片机能识别的机器码指令为A4（16进制数字中，A、B、C、D、E、F分别代表数字10、11、12、13、14、15）。对人脑而言，A4颇为枯燥乏味又难理解与记忆，改写为MUL AB后，较易理解。该指令执行的操作是，将累加器A中的数据和寄存器B中的数据相乘，乘积结果，低8位二进数据在A中，高8位数在B中。

因此，进行等效变换后，人脑极易理解、记忆和应用，有效地扩大了受众面。变换前主要适用于电脑及能直接采用机器码编程的高效快速程序设计人员（采用机器码的程序更加简练高效快速）。变换后的助记符指令，有效地扩大了受众面，更易为初学者所接受。

显然，等效变换的前提是，必须有已固化的表意符号，才能确保变换后，最终还能回到变换前的状态。

汉字是形音义统一体。数千年来，字形字义基本固化，但读音稍有不同，尤其是方言众多。因此，对汉字而言，等效变换表现有四：

其一，古今读音的等效变换，使汉字数千年来并未发生面目全非或脱胎换骨的巨大变化，确保了数千年一脉相承。

其二，普通话与数千种方言之间的等效变换。

其三，方言与字形字义之间的等效变换。尽管方言众多，但固化的字形字义不变。说任何方言的人，写出来的字一样，形义不变。同一个字，随便说什么方言均可，写出来大家皆懂。

其四，上世纪七八十年代，中国对汉字进行了多次简化，繁体字、异体字与简体字之间的变换也是种等效变换。类似于机器码指令与助记符指令的等效变换。尽管形体变化颇大，但字义字音未变，故字体简化完全是等效变换。汉字简化给书写和识字均带来了莫大方便。

等效变换对指令和汉字来说均系重要功能，均具重大的现实意义。对于汉字，得以数千年一脉相承，并获得不断完善与改进。等效变换大幅提升了汉字的应变能力与适应能力。

等效变换对拼音文字来说则失去了意义。因为，拼音文字一旦词音、词形发生变化，词义无所适从，无法固化，难以捉摸，因而，难以一脉相承。现代英、美中学生不再学习古代英文，正是因为古代英文不少词音和词形皆变，难以捉摸词义所致。

除等效变换外，表意单元双核的作用，对于指令而言，主要在于明确传达对计算机各种操作的两个要求——做什么与怎么做。前者以操作码表达，后者以操作数表达。

对于汉字，双核功效有五。

其一，二者联合确切表达字义。

其二，二者分开表达可能有提示作用的意符和音符。

其三，使汉字在个性中具有某种突出共性；在突出共性中又彰显某种个性。如元素周期表中的金属、非金属和气体三类元素名称突出显示该奇效。

其四，相对表达字形形体区分信息。该信息在元素周期表中展现得一清二楚。如以意符为基本信息，音符则为明显的字形形体区分信息。

金属元素：锂铍钠镁铝钾钙……

非金属元素：硼碳硅硫砷硒碘……

气体元素：氢氮氧氟氖氦氙……

又如，若以音符为基本信息，意符则为明显的字形形体区分信息。例：读音为 yi 的十个汉字——意癔螠蝎薏镱议鲐疫翼瘟、疫跟疾病有关（疒符提示）；

蜈、蝎（蜥蜴）属动物类（虫符提示）；

蕙（蕙苡）指植物（艹符提示）；

镱指金属元素（钅符提示）；

议跟言论有关（讠符提示）；

鲭指鱼类（鱼符提示）；

翼指鸟类的飞行器官，上面有羽毛（羽符提示）。

意字下部的心字，也可视为字形形体区分信息。它表达出意思、意义的意字，跟人的思想意识有关。

其五，最重要的奇效是，为造新汉字开创出一条积极的一劳永逸的途径。

所谓一劳永逸，即不必再呕心沥血挖空心思去创造人们完全陌生的新汉字，可以部分利用或全部利用现成汉字来创造新汉字。

所谓积极就是，如何部分利用或全部利用现成汉字来创造新汉字，依然要动番脑筋。最典型的实例莫过于氢元素的三个同位素名称——氕（piē）、氘（dāo）、氚（chuān）——的创造发明。这三个同位素名称汉字最具科学性且最令全世界科学家无不为之钦佩：

三个字的意符"气"乃是数千年前的老祖宗所确定，而音符则是当代科学家极具智慧地选择了笔画（丿）、部首（川）和独体字"川"，巧妙和谐地对应三者核子数(也称基本粒子数，即质子和中子之总和)。且看三者符号——^{1}H（氕）、^{2}H（氘）、^{3}H（氚）中左上角表示核子数的数字与音符笔画数何等吻合！

再看三者的汉语名称——氕叫普通氢，氘叫重氢，氚叫超重氢(有放射性的非普通氢，用于热核反应)。音符笔画难道不是"一画千钧"（钧：古代重量单位，等于三十斤）吗？

还有，氕、氘的英文名称分别为 Protium、Deuterium，汉语名称的首字母（汉语拼音字母）P、D何以与英文名称中的首字母P、D完全吻合，何以如此巧合？相隔数千年的华夏精英们何以能"合作"创造出如此精巧汉字，难道不是表明汉字双核构思确实高明吗？

积极的一劳永逸依然闪烁着智慧的光芒。双核汉字显现奇效。

4. 亲和力

拼音文字词汇各字母间具有"亲密无间"性，即使遇到换行，也要用短横杠"–"将跨越两行的前后两部分连成一体，否则，必将误解为两个词汇。此乃词汇字母间的亲密无间性所在。

与此相反，汉语词汇倒具有某种离散性。在地图标注时，作为一条延绵数千公里的铁路线名称诸字，如"京九线"三字，可以均衡分散地标注在沿线首、中、尾各部分，如均衡分散地标注在河北、江西、广东三省沿线某处。天各一方离散式标注的名称，在阅图者脑海里却可自然而然地汇聚在一起，真可谓"现实分离、脑海汇聚"，此乃汉字亲和力所在。

亲和力原本定义为两种或两种以上的物质结合成化合物时互相作用的力。该定义中，若将物质改为汉字，化合物改为多字词，种改为个，依然成立：

两个或两个以上的汉字结合成多字词时互相作用的力，称为亲和力，延伸思维的力。

汉字确实如此神奇。因汉字本身是形音义统一的"成品"，而非未成型的"原材料"。是成品，在结合时就有逻辑力、磁力存在，此二力构成亲和力。如"京九线"名称三字，分别代表起始站、终到站和铁路线。"京九线"三字天各一方离散标注，反而最能体现铁路线全貌，因名称中各字含义本身就极富磁性，有吸引力，能使阅图者在脑海里汇聚名称全称，这是拼音文字可望而不可即的文字"特异功能"。

如果说，程序流程图中程序的流向所产生的指向力可视为亲和力的话，指令同样具有亲和力。清零指令、条件转移和无条件转移指令等是典型的指向力强的指令，这些指令皆影响其下方或其指向处指令的执行效力。

5. 顺序控制型表意符号

汉字和指令皆为顺序控制型表意符号。汉语词汇因具亲和力，逻辑性甚强，无需另用语法词语去引导语句流向的理解。如，"世贸组织高层谈判失败"是个新闻标题语句，句中无一仅起语法作用的词语，全靠前后环环相扣的语序去组织句法，绝对是拼音文字难以办到的。

又如，北京北三环东路与东三环北路两条路名均含两个方向词语，却并无任何语法词语，两个方向字仅靠先后顺序的指向作为定语，一点也不含糊，完全能十分明确地表明，北三环东路的东端起始点与东三环北路的北端起始点是通过圆弧或转角互相连接的，东三环北路可视为北三环东路的向南延伸段。

一条路名竟有两个方位字作定语并不使用任何语法虚词，全靠语序充当语法虚词协调两个方位字，一环扣一环，有条不紊正确表达方位，这对拼音文字而言，简直不可思议。汉字如此神奇，汉语用字之精炼由此可见一斑。这就是顺序控制型文字的本能——本质特点之一，它顺应人类思维逻辑的线性展开，清晰明确，直奔主题。

当然，指令显然属于顺序控制型表意符号。程序总是先从入口地址处依次执行。如果要改变执行途径，可通过中断方式、子程序调用方式及有条件转移和无条件转移等方式进行，执行完毕后又会返回原处下一条指令处继续执行主程序，直至结束。

6. 海量冗余空间

任何面对开环的信息符号系统均应具备与时俱进的多种手

段。汉字系统与指令系统皆具备两种手段顺应与时俱进：一种手段是前述的搭配升华（汉字）和子程序调用（指令）；另一种手段则是本节将要阐述的冗余空间。

前已述及，利用汉字库汉字，可搭配升华出任何新概念新技术新事物命名要求的多字词。但对于新发现的新元素则按习惯要求统一采用单字命名，汉字的双核结构——形声字造字方法，一劳永逸地无限满足了这一要求。

科学而理想的造字方法——形声字造方法为今后造新汉字开创出一条永无止境的一劳永逸的举世无双的途径。数百数千可供搭配成新字的汉字，提供海量冗余空间，千年万年都选之不尽，用之不竭。何况发现新元素速度犹如蜗牛爬行似的缓慢。海量冗余空间应对慢之又慢的速度，真可谓海水般用之不竭，取之不尽，令任何其他文字望尘莫及。

指令系统是软件，其冗余空间主要表现在承载软件的硬件方面。本书所列举的系列（MCS-51系列单片机）同样存在不少冗余空间未用——有几十个特殊功能寄存器和程序入口地址空间冗余未用，为以后开发的新产品预留下不少地址空间。飞利浦公司此后推出的51LPC系列OTP（一次编程）单片机（具体型号如P87LPC76X，X=2，4，7，8，9等），其基本结构与指令系统与MCS-51单片机兼容，但时钟频率可高达20兆赫（原来为6～12兆赫）。芯片面积大为缩小，从40引脚缩为20引脚，功能却大量增加。这是冗余空间带来的可持续升级的好处。

7. 有限总量与无限应用的高度统一是汉字面对开环系统最可宝贵的品质

数千年来，中华民族的先辈精英们充分施展聪明才智，不断发明创造出形状各异的大量汉字，包括简体字、繁体字、异体字和冷僻字在内，据说总数达六七万之巨甚至更多，但其总量毕竟总是有限，尤其是在当代，国家规定的通用规范汉字为 8105 个，其中，常用的一级字表为 3500 个汉字，次常用的二级字表为 3000 个汉字，二者的覆盖率达 99.99%。

前文已述，汉字通过搭配升华，能生成满足任何时代的新词汇；又通过双核设计的形声字造字方法，新造出一系列为数不多却能满足时代需要的新汉字。总之，文字的总供给始终能满足社会总需求，且永远不会出现感觉知识爆炸般的滚雪球效应。在开环系统面前，汉字总能从容不迫地顺应自如，从不出现雪崩式的膨胀危机。

这就是说，汉字实现了有限总量与无限应用的高度统一，这不仅是汉字面对开环系统最可宝贵的品质，而且，更是引领世界文字前进方向的楷模。

除了与汉字系统神似的控制计算机操作的指令系统在某种程度上实现了有限总量与无限应用的高度统一外，还有其他什么信息符号系统能实现有限总量与无限应用的高度统一吗？拼音信息符号系统行吗？

何以说拼音信息符号系统难以实现有限总量与无限应用的高度统一？

关键有二，其一，信息符号不直接表意，难以实现以简驭繁（搭配升华）。如英语的万余音节，本身就够繁，谈何以简驭繁？只有表意单元才有思维延伸，才能产生亲和力，从而实现搭配升华。只有搭配升华才能非膨胀式与时俱进，实现以简驭繁和有限总量与无限应用的高度统一，从容面对开环系统。不直接表意的符号系统难以巧妙轻松地面对开环系统。

其二，拼音文字所选择的目标系统是快速识别系统和准开环系统，有别于表意文字所选择的智能识别系统和开环系统。

所选择的目标系统不同，设计的信息符号系统自然有所不同。

为求快速，采用数十个字母拼音产生大量音节，利用音节的不同组合，去指定称呼周围世界包罗万象的概念，自然是最佳选择。

尽管音节总数和字母总数为有限总量，但它们均非独立运用的表意单元，更非记忆链上的独立记忆单元，绝对不能像汉字和指令那样形成可独立运用的系统。不能独立运用和无需单独记忆的有限总量自然失去记忆价值，而有记忆价值需单独记忆的词汇总量又庞大无比，且永远与日俱增，因而，难以实现有限总量与无限应用的高度统一。

二、汉字与集成电路的全方位神似

如果将汉字笔画比喻成电子电路的分立元件（电阻、电容、电感等），将汉字偏旁比喻成集成电路中的单元电路的话，那么，正如日本朋友所说，汉字就是 IC（integrated circuit，集成电路），似乎有些道理。

的确，汉字中确实可寻觅到集成电路中的一些外延与内涵概念的全方位神似。

1. 微缩化外延概念的神似

随着技术的突飞猛进，集成电路可使电子产品小型化微型化。因此，微缩化是集成电路极其明显的外延概念。

文字乃是人类思想和文化交流的符号化工具，符号化本身具有微缩化概念。作为符号化汉字的微缩化还可能带有形象化色彩。对极少数汉字而言，微缩化的形象化色彩特浓，甚至可用"缩影"一词来形容。象形文字的痕迹，在极少数汉字中依稀可辨。如：山、伞、口、田、凹、凸、丫、人、门、一、二、三这 12 个汉字，放飞想象的翅膀，越想象越可爱。

几千个汉字实际上就是宇宙间万事万物的微缩化符号。因此，汉字中完全存在集成电路微缩化外延概念的神似。

2. 集成层次的神似

集成电路有二级集成：从分立元件到单元电路的集成和从集成电路到大规模集成电路的集成。

（1）第一级集成——从分立元件到单元电路的集成

分立元件电子电路，是由一个个各自分开且独立的电阻、电容、电感、二极管、三极管、场效应管等电子元件组合而成的。

集成电路则是在一片作为基片的硅片上，用特殊工艺，光蚀成上述等效的分立元件，生成一个个单元电路。通常可分为数字集成电路和模拟集成电路两大类。一般将包含一个或多个单元电路的集成电路称为小规模集成电路。

这一级初级集成，似乎可对应汉字的偏旁集成。

汉字偏旁——冫、氵、灬、亻、彳、阝、阝、辶、钅、广、艹、竹 及能单独成字的山、口、日、月、石、虫、马、鱼、鸟、木等，似乎可看成由相当于分立元件的各式各样的汉字笔画——丶（点）一（横）丨（竖）丿（撇）乀（捺）亅 乛乚（钩折）等集成（组合而成）的。

巧的是，为数不少的能独立成字的汉字偏旁，与数字或模拟集成电路中的单元电路一样，均可自由运用。

当然，像艹 竹 宀冫氵阝阝忄刂等偏旁，只能作为汉字的部件，不可单独运用。这是二者第一级集成的相异之处。

（2）第二级集成——从集成电路到大规模集成电路的集成

这一级集成是在集成规模上的巨大飞跃。如：属于超大规模集成电路的单片机芯片 P87LPC767，其硬件结构可概括为由中央处理器 CPU、只允许一次编程的 OTP 程序存储器、数据存储器、定时 / 计数器和输入输出电路等五大部分组成。每部分实际上都包含若干大、中、小规模集成电路。

这一级集成，显然属于高级集成。其复杂程度难以想象，汉字无法与之比拟，两者之间有着天壤之别。然而，就集成概念而言，两者之间还是存在某种神似。

数千汉字合体字，是由若干个可独立运用的汉字集成的。如：胡、胜、贺、驶、锹、输、赢等，都可看成是单体汉字到合成体汉字的集成。通常是由 2 ～ 3 个汉字集成为一个更复杂的汉字。极少数字由 4 ～ 5 个汉字集成。

下列汉字由 4 个汉字集成：

樱 爆 稽 羼 孱 鹦 鹳 嚾 骥 镊 蹑……

下列汉字由 5 个汉字集成

赢 嬴 嚣 器 嚚 噪 燥 璪 蠼 镬 礁……

就概念的神似而言，似乎可将 2 ～ 3 个汉字集成的合体字及单体字比喻成中小规模集成电路；将 4 ～ 5 个汉字集成的合体字比喻成大规模超大规模集成电路。

如果将被集成的单元从汉字扩充到部件，则可囊括所有汉字，且集成部件可扩充至 6 ～ 8 个：

6 部件汉字：攀 瀛 籝 嚷 赣……

7 部件汉字：襻 爔 懿 疆……

8 部件汉字：纇……

必须指出，汉字部件集成概念，与拼音文字十几个字母以上的长词汇及超长词汇有所不同，汉字不管部件多寡，均挤在相同的面积内——少至一画，多至二十画以上的汉字面积相同。这点，与集成电路颇为神似。如：同是 20 引脚的集成电路，大规模与超大规模集成电路的复杂程度与中小规模集成电路相比，简直有天壤之别。

集成度不同，但面积与引脚数却相同，跟汉字笔画数不同，但所占面积却相同颇为神似。

当然，汉字的笔画数最多是三十几倍的差别，而集成电路的集成度（所包含元件的数量）则有千百倍乃至万倍之差。

在世界文字之林，除汉字外，有哪种文字，在结构形式上，与集成电路相比，存在如此神似的对应关系呢？

集成电路有两个集成层次。汉字，不是同样也有两个集成层次吗？二者的集成思路，如出一辙。

3. 集成方式的神似

（1）同类部件的集成

对中小规模集成电路而言，同类部件的集成，比比皆是。如：双与门、双或门、双计数器、双 JK 触发器、双运放、四运放、四与非门、六反相器等。

汉字亦存在同类部件的集成。尽管与汉字总数相比，所占比例甚少，但有些同部件集成汉字较常见，给人们留下极其深刻的印象。

双同部件汉字：

二 双 从 林 朋 羽 棘 屾 誩 吕 昌 圭 炎 多 爻

准双同部件汉字：

出 串 册 回

背靠背的双同部件汉字：

北 非 兆 卯

三同部件汉字：

三 川 州 众 品 晶 鑫 森 淼 焱 垚 磊 猋 矗 犇 羴 骉 焱

已简化的三同部件汉字（括号内为未简化的繁体字）

聂（聶） 轰（轟） 奸（姦）

四同部件汉字：

燚

（2）不同部件的综合集成

大规模和超大规模集成电路都应看成是由不同部件的综合集成，前文已述，单片机往往是五大部分的综合集成。

汉字同样如此，除单体字和极少数同部件合体字外，其余合体字均应看成是不同部件的综合集成。结构形式多种多样，如：左右、左中右、上下、上中下、二边及三边包围（缺口在上下左右边皆有）和全包围（内外结构）等。

汉字多样化结构形式跟集成电路结构形式的某种程度的神似，是只有队列式单一结构形式的拼音文字不可比拟的。

4. 功能集成的神似

集成电路可分为单功能集成电路（如各种门电路及计数器等）和多功能集成电路两大类。各种单片机芯片便是多功能集成电路。

在功能集成上，汉字有两大体现：

（1）体现在汉字的多义性很普遍、很突出。

很普遍，指多义性汉字数量大，达到数以千计以上；且存在的面很广泛，方方面面的汉字几乎都存在多义性，单义性汉字反而成为少数。

很突出，指部分汉字所表达的义项甚多。二三个义项司空见惯，五六个义项并不罕见。十几个义项的汉字也为数不少。最为突出的莫过于打、点、开、花这几个汉字。

据《现代汉语词典》修订本（2000年）上的释义，上述诸字的义项均达到或超过20项。其中，花——20项，开——23项，点——26项，打——27项。

或许，"打"字可荣获汉字多义之冠，完全可与英语动词 do 媲美，综合表意功能甚至超过 do。明显表现在，"打"字还被用来作量词用，如一打铅笔，指12支铅笔。

（2）体现在汉字的信息集成趋于完美。

理想文字应该承载意音两种信息，但追求经济性原则的实际文字，字形本身只能重点承载一种信息。拼音文字重在表音，由音及义。表意文字重在表意，读音由词典字典注明，但也应认为，字形形体承载了表音信息。

双核结构的表意汉字，十分特别。占总数 80% 左右的形声字结构的汉字，由形旁（意符）和声旁（音符）两部分组成。应该说，所有汉字都承载表意表音两种信息，尤其是 20% 左右的单体字更为明显。

80% 左右的合体字承载更多的信息。其一，意符和音符联合确切表意表音。其二，意符和音符分开，具有某种参考价值的示意示音提示信息（因情况较复杂，后文将另有章节详述）。其三，意符可作为检字信息。其四，部分汉字隐含人文信息。如：信——人言为信，诚信为本；臭——自大一点便臭。其五，意符和音符具有相对的字形形体区分信息。

总之，汉字承载的信息无疑多于拼音文字，信息集成趋于完美。

集成电路是人类智慧的大集成，具有多重集成思维的汉字闪烁着中华民族智慧的大集成。

三、二维汉字在理论上是一维拼音文字的升级换代版

任何文字符号都可视为信息符号。在信息时代，具有多重信息加密防伪功能的二维码，其信息密度是一维条形码的几十至几百倍，可表示数以千计字节的数据。除可表示条形码所能表示的数字、英文字符外，还可表示多种语言文字。

我国原创的具有世界先进水平的二维码——龙贝码，能直接编码汉字，还能将照片、指纹、掌纹、声音等内容，进行数字化编码。

自动识别技术中的条码，从一维升级为二维，乃是从量变到质变的里程碑式的巨大飞跃。

以字母队列式排列生成的拼音文字，与以黑白相间、粗细不同且间距也有所不同的平行线条所组成的条形码，均可视为一维信息符号，仅仅是条形码有统一规定的长度，拼音文字词汇有长有短而已。

一维拼音文字，在文字世界显然属于初级产品，就像一维条形码在信息世界属于初级产品一样。

诞生于四五千年前的方块汉字，其信息分布既有横向，也有纵向，还有两边包围、多种三边包围和全包围等形式，完全具备构筑矩阵的行列信息。因而，汉字符号信息无疑是二维信息。

二维汉字的信息密度和集成度，是一维拼音文字望尘莫及的。最突出的表现是，在一个大写字母的单位面积内，汉字通过精心设计的二维分布的信息，能表达出一个完整意义。如，山、河、湖、海、牛、马、羊、猪等。

数千上万种概念完整意义，汉字均能在一个大写字母面积内准确表达。这是任何拼音文字所望尘莫及的。就文字符号信息密度、信息集成度和表达空间的规范化、微缩化而言，表意汉字是拼音文字的升级换代版。先进的二维码技术反映出二维汉字先进无比。

四、从读音角度解析汉字的字生字式或添加式的繁衍

人们常说，汉字是吸收了天地人之精华创造出的智慧结晶。其繁衍方式确实在某种程度上反映出自然界的普遍规律。双核结构便是有性繁殖的典型反映。

字生字或音符添加意符的繁衍，皆神似于自然界的有性繁殖。探索其生成的某些规律似乎有助于加深对汉字的理解与记忆。在此，举个简单的例子来说明。

不妨约定，凡与引导读音的主体汉字或非完整汉字读音一致的繁衍，称为直系繁衍；变音繁衍则为旁系繁衍。

换言之，某一汉字或部件，添加意符或笔画后，读音未变，称为直系繁衍；改变读音的繁衍，则称为旁系繁衍。犹如子女随父姓一般，姓氏未变的子孙后代为直系，姓氏改变的后代称为旁系。如此约定，或许对汉字读音的理解和记忆有所帮助。

对于非完整汉字，如咢、昜、𢦏等的繁衍，约定如下：唯一读音的繁衍或主体繁衍，称为直系繁衍，辅助繁衍则称为旁系繁衍。上述 3 个汉字部件的繁衍情况如下。

咢只有直系繁衍，具有唯一读音：e——鄂　愕　谔　砐锷　腭　鳄　颚　鹗　萼　崿　遻

昜的直系繁衍：ta——塌　褟　缊　榻　蹋　溻　鳎　毾　遢阘 *（有 "*" 者为多音字，下同）

昜的旁系繁衍：da——阘 *

𢦏的直系繁衍：zai——栽　栽　哉　载　儎

𢦏的旁系繁衍：cai——裁

dai——戴　襶

根据上述约定，我们选定犹如字母级简单的 2 个汉字——十、口，其一级繁衍（含其有限变形）可生成 6 个汉字（字生字）：

古　田　申　甲　由　叶

除叶字外，其余 5 个汉字均可进行一级或二级繁衍。现以古字为例，其一级直系繁衍（不考虑四声声调，下同）：

gu——估　咕　沽　姑　菇　蛄　钴　诂　轱　酤　故　鸪牯　眆　罟　蛊　盬　鹘 *

旁系繁衍：

hu——岵　怙　祜　楛 *

jia——椵 *

ku——苦　枯　楛 *　骷

二级繁衍：固　胡　舌（舌为添加式繁衍）

固字的直系繁衍：

gu——固　堌　崮　锢　鲴　痼

固字的旁系繁衍：

ge——个（個）（括号内为繁体字）

030

he——涸

胡字的直系繁衍：

hu——胡 湖 糊 蝴 猢 瑚 煳 葫 鹕 衚

舌字的直系繁衍：

she——舌 舍 猞

舌字的旁系繁衍：

ci——辞

di——敌

gua——刮 鸹 括＊ 栝＊

guo——聒

hua——话

huo——活

kuo——阔 筈 蛞 括＊ 栝＊

luan——乱

shi——适 舐

shu——舒

tian——甜 恬 湉 舔

　寥寥数字的繁衍便可看出，表意汉字的繁衍，倒是以读音为主线，且直系繁衍往往以批量繁衍为其特色，这对汉字成组识字大有帮助。

第四节　四种设计思维铸就汉字的辉煌

将难以识别的原始图形化象形文字整理改造为信息化、美观化、灵活化、多样化、实用化及最可宝贵的与时俱进化的文字符号——汉字，乃是文字领域的一个巨大飞跃，人类最高智慧之杰作。

人类最高智慧杰作集中体现在二维创意达到登峰造极之境界。二维创意乃表意文字登峰造极之伟大创举，汉字一切特征之根源，汉字所有优点皆与二维创意息息相关。

美轮美奂的二维创意其实来自于极其可贵的四种文字设计思维——唯物思维、标准化思维、艺术思维和联想思维。

一、唯物思维令汉字库包罗万象，与时俱进又一目了然

唯物思维智慧，抓住了宇宙万事万物之本质——物质是第一性的，意识是第二性的，从而摒弃了仅仅采用数十个字母，进行无休无止的拼音组合词汇来表达反映世界万事万物概念的做法，直接采用成千上万（含异体字）二维"笔画图形"的书面符号——汉字，来认识世界，反映世界万事万物概念。

成千上万个直接示意，将表意作为第一性的汉字，犹如采用成千上万幅来自于客观世界的图画，直接反映客观世界万事万物概念那么直观。这里，只要将作为"笔画图形"的汉字等效地想象成图画就行。

汉字的唯物思维设计智慧发扬光大了起源于图画和刻痕的原始文字，坚定了汉字笔画图形之二维表意性。此种表意性在生活

中活生生地体现在分解和组合各式建筑之类的游戏积木中。

众所周知，游戏积木能搭配升华。既类似又远远胜于游戏积木的汉字，搭配升华更高级，更神奇，更丰富多彩，直接导致总数基本恒定的准闭环汉字库，出神入化地满足了任何时代的实际需要。在文字世界乃是独一无二的伟大创举，唯物思维作出不可磨灭的巨大贡献。

的确，唯物地分解和组合宇宙万事万物概念，是汉字唯物思维设计的精髓。在唯物思维指导下，别出心裁的汉字涌现出200个左右检字部首。部首是汉字形体偏旁所分的门类，如日、月、山、石、木、口、鱼、虫、鸟、亻、氵、阝、宀、刂、艹、竹等。这些门类，多数包含某种含义。因而，汉字偏旁检索，兼具汉字形体与意义分类的检索。拼音文字显然难以实现此种门类检索。

尽管，因造字需要，大多数偏旁严重"超载"，导致偏旁表意功能被异化，甚至严重异化。但仍存在异化者较少，表意比较单纯而明确的一些偏旁。现举10例如下：

1. 气——全跟气体、气氛有关，仅2个字例外：

气 氕 氚 氘 氙 氛 氡 氟 氢 氩 氦 氤 氲
汽 氧 氪 氨 氮 氯 氰

例外：忾（kài）——愤恨。如，同仇敌忾。

　　　　饩（xì）——谷物；饲料；活的牲口；生肉；赠送（食物）。

2. 风——表意范围几乎全跟风的种类、飘扬及风力等有关。只是，用风字作音符，读音为 feng 的几个字例外：

风 飏 飐 飑 飒 飓 飔 飕 飖 飗 飘 飙 飚

例外：疯 沨 枫 讽 砜

3. 疒——表意范围几乎均与人体精神、生理状态和疾病、死亡等有关，也包含动物病。偏离和异化的有多义词及另外9字：

痛 癌 癣 癍 癔 病 疔 疖 疗 疠 疟 疝 疙 瘩 疸 疢 疡 疬 疣 疥 疯 疮 疧 疯 疫 症 疳 疴 疢 疽 疾 店 痄 疹 痈 疼 疮 痊 痃 痂 疲 痉 痔 痓 疥 痍 痊 痎 痒 痕 痣 痛 瘩 痘 痞 痢 瘟 疱 疵 痗 痨 痪 痤 痫 瘦 痌 瘆 痰 痿 瘀 瘐 痼 痱 瘅 瘁 痴 痹 麻 痹 瘩 瘦 瘟 瘘 痢 瘕 瘊 瘩 瘐 瘗 瘠 瘢 瘤 瘠 瘰 瘼 瘫 癔 瘴 瘵 瘿 癃 癫 痫 等

多义词：疙瘩　痞子　疮痍　瘫痪

动物病：瘑病——〈方言〉牛、马、猪、绵羊等家禽的炭疽病。

例外：瘪——物体表面凹下去或不饱满。另：瘪三，上海人称城市中以乞讨或偷窃为生的无正当职业的游民或骂人话。

疵——缺点或毛病。

瘦、瘠、癯三个字为近义词，均指瘦、清瘦、瘦弱，但不是病。

癖——癖好、嗜好，对某种事物的特别爱好。

瘾——神经系统经常受到某种外界刺激而形成的习惯性嗜好；也泛指浓厚的兴趣。该字也在意符扩的泛指范围之内。

瘗（yì）——掩埋、埋藏。

瘴气——热带或亚热带山林中的湿热空气。

4. 鸟——表意范围几乎均与鸟类、鸟鸣、鸟飞及有翅膀的家禽有关。在鸟字旁字当中，除4个多义词外，仅3字稍有偏离：

鸟 鸠 鸡 鸢 鸣 鸤 鸥 鸦 鸧 鸨 鸩 鸪 鸫 鸬 鸭 鸮 鸯 鸰 鸱 鸲 鸳 鸶 鸵 鸷 鸸 鸹 鸺 鸻 鸼 鸽 鸾 鸿 鹀 鹁 鹂 鹃 鹄 鹅 鹆 鹇 鹈 鹉 鹊 鹋 鹌 鹍 鹎 鹏 鹐 鹑 鹒 鹓 鹔 鹕 鹖 鹗 鹘 鹙 鹚 鹛 鹜 鹝 鹞 鹟 鹠 鹡 鹢 鹣 鹤 鹥 鹦 鹧 鹨 鹩 鹪 鹫 鹬 鹭 鹮 鹯 鹰 鹱 鹲 鹳 鹴 等

多义词：

鸨（bǎo），是种鸟。但鸨母指开设妓院的女人。

鹄，当读音为 hú 时是天鹅的别称；当读音为 gǔ 时，释义为射箭的目标，即箭靶子。鹄望，释义为直立而望。

鸿，含义有三：其一为鸿雁；其二指书信；其三指大，如鸿图、鸿沟等。

䴂（jué）——古书上指伯劳（鸟类）；而䴂舌比喻语言难懂。

偏离的例外字：

鸴（diào）——深远之意。鸴远指遥远。

鹯（zhān）——猛禽。

鸷（zhì）——凶猛。鸷鸟，凶猛的鸟，如鹰、雕等。

5. 鱼——表意范围绝大多数均与鱼的种类、构造、渔业及水中虾、蚌与海洋中的鲸等有关。

在鱼字旁字当中，有 2 字多义，2 字稍偏离，8 字被异化：

鱼 鱽 鲀 鲃 鲂 鲉 鲅 鲍 鲌 鲋 鲨 鲈 鲇 鲏 鲆 鲐 鲖 鲊 鲕 鲑 鲓 鲒 鲛 鲘 鲙 鲖 鲔 鲜 鲞 鲟 鲡 鲦 鲠 鲢 鲍 鲫 鲣 鲲 鲥 鲤 鲜 鲨 鲗 鲦 鲐 鲳 鲷 鲱 鲴 鲸 鲲 鲮 鲵 鲯 鲭 鲰 鲻 鲩 鲥 鲶 鲷 鳊 鲽 鳄 鳍 鳆 鳇 鳈 鳉 鳃 鳂 鳎 鳏 鳅 鳌 鳐 鳑 鳍 鳎 鳊 鳒 鳔 鳖 鳗 鳘 鳚 鳕 鳔 鳙 鳛 鳜 鳞 鳝 鳟 鳡 鳢 鳣 鳠 鲏 鲊等

2 个多义字：

鲊（zhǎ）——腌制的鱼；用米粉及面粉等加盐和其他作料拌制的切碎的菜，以便贮存。

鲞（zhǎ）——同"鲊"；同"苲"。鲞草滩为地名，在四川。

2 字稍偏离：

鲺（shī）——节肢动物，寄生在鱼体表面。

鲎（hòu）——节肢动物，俗称鲎鱼。另一意义为虹〈方言〉。

8 字被异化：

稣（sū）——同"苏（苏醒）"，即昏迷后醒过来。

鳏（guān）——无妻或丧妻的。

鲧（gǔn）——古人名，传说是禹的父亲。

鲜——新鲜；鲜明；鲜美的食品；少等含义。

鲁——迟钝；笨；莽撞；姓；山东省简称等意。

鲘（hòu）——鲘门，地名，在广东。

銅（tóng）——銅城，地名，在安徽。

鳛（xí）——鳛水，地名，在贵州。

6. 酉（yǒu）——本身含义为地支的第十位。酉时为旧式计时法，指下午 5 ~ 7 时这段时间。

但以酉为意符的表意范围，绝大多数均与酒、醋酸、食品、酒精制剂及有机化合物等有关。

在以酉为偏旁的字当中，除若干个比喻词、多义词（字）及偏离表意范围字外，有 5 个被异化的例外字：

酉 酋 酊 酐 酒 配 酏 酎 酌 酖 酘 酕 酞 酣 酗 酢 酸 酤 酥 酡 酬 酱 酪 酩 酮 酰 酯 酿 酶 酵 醇 醒 酚 醅 醌 酽 酴 酸 醋 醁 醍 醋 醇 醐 醊 醃 醉 醒 醍 醛 醚 醐 醑 醢 醣 醉 醪 醭 醇 醢 醾 醴 醺 醮 醸 醺 等

比喻词：

醋——比喻嫉妒。

酝酿——比喻做准备工作。

醍醐（tí hú）——古时指从牛奶中提炼出来的精华，佛教比喻最高的佛法。醍醐灌顶比喻灌输智慧，使人彻底醒悟。

多义字：

酬——主人向客人敬酒；报答；报酬；交际往来；实现等含义。

酌（zhuó）——斟（zhēn）酒；饮（酒）；酒饭；斟酌；考虑等含义。

醨（shī）——滤（酒）；斟（酒）；疏导（河渠）等含义。

偏离字：

醮——古代结婚时用酒祭神的礼。再醮指再嫁。

例外字：

配——两性结合；调和；分配等意。

酷——残酷；程度深的；极等意。

醵（jù）——大家凑钱叫醵金或醵资。

酋（qiú）——酋长，指部落的首领。酋也指盗匪、侵略者的首领。

酹（zhuì）——祭奠。

7. 齿——表意范围几乎均与牙齿的功能及疾患有关。除几个多义词外，仅有 3 个例外字：

齿 龀 龁 龂 龅 龃 龄 龆 龇 龈 龉 龊 龌 龋

多义词：

龃龉（jǔ yǔ）——上下牙齿不齐。比喻意见不合。

龆龀（tiáo chèn）——指童年或儿童。单字均指儿童换牙。龆年指童年。

龄龁（yǐ hé）——咬；啃；忌恨；倾轧。

龂（yín）——同龈。但龂龂形容争辩。

龇牙咧嘴——既形容凶狠的样子，也形容疼痛难忍的样子。

例外字：

龄——岁数；年数等意思。

龌龊（wò chuò）——不干净、脏；比喻人品质恶劣；形容气量狭小，拘于小节。

8. 耒（lěi）——古代农具。以耒作偏旁的字几乎均指古代或现代农具、农活或兼指二者，仅 2 字多义、2 字异义：

耒 耔 耕 耘 耢 耗 耙 耪 耖 耠 耩 耥 耧 耱 耨 耦 耜 耤

多义字：

耕——用农具翻土；比喻从事某种劳动。

耦——两人并耕；同偶（双数、成对的）。

耦合——物理学名词，指电或磁的信号或能量在两个回路之间的传递。即，信号传递或能量传递（通过电磁元件）叫耦合。

例外字：

耗——减损；消耗或坏消息。

诔（lěi）——哀悼、悼词。

9. 鼠——鼠字旁的字全指鼠类及体形像鼠类的哺乳动物。以鼠为音符的仅有 1 字与鼠无关：

鼠 䶅 䶂 䶄 䶆 䶇 䶈 䶉 䶊 䶋 䶌

例外字：

癙——读音同鼠。意为忧闷成病，叫癙忧。

10. 鼻——鼻字旁的字的表意范围全跟鼻子的生理现象、鼻子疾患甚至鼻刑（古代）有关。以鼻为音符的仅有 1 字与鼻无关：

鼻 䶊 䶎 䶏 䶐 䶑 䶒 擤 劓

例外字：

濞（bì）——漾濞（yàng bì），地名，在云南。

上述 10 个表意较为可靠异化较少的表意偏旁，让我们初步领略了汉字偏旁的表意风采，汉字按偏旁大致分门别类（这种门类也叫部首）的可贵特色。

汉字按部首检索无疑优于拼音文字按字母顺序检索，因部首本身可按笔画多少在一个较少数量的范围内快速扫描检索，而无需在部首全范围内扫描检索，以期达到快速检索之目的。

汉字的唯物思维设计造就了汉字词典的检索与编排独具特色：部首检索、读音编排。同一读音的一组汉字集中注音，既利于实现汉字群组化识字与记忆——认字认一片而并非仅仅认一字，更利于音符与意符对汉字的理解性记忆与识别。如读音为 huáng 的一组汉字：

皇 黄 凰 隍 喤 徨 徨 湟 惶 煌 锽 潢 璜 蝗 篁 艎 磺 鳇 癀 蟥 簧

在同一读音的这些汉字中，皇黄两字具有十分鲜明而可靠的音符特色。当然，黄字仅在这组字中发挥可靠的音符作用。当意符为"木"时，横字应读 heng。

这组字有 16 个意符。其中，鱼、虫、忄、氵、舟、饣、火、口、王、彳、灬、石、钅、疒等 14 个意符的表意基本靠谱。

唯物思维智慧对汉字设计的贡献在于它抓住了反映主客观世界万事万物概念本质之所在。其更为可贵之处在于，使中国人——更广义更正确地说，使人类智慧地设计出真正反映文字本质、体现文字优秀品质的文字及文字库。即，设计出具有包罗万象、与时俱进又一目了然的文字库。这三点乃是最优秀最聪明文字库不可或缺的三大特色。

尽管，包罗万象和与时俱进是所有文字之特色，但拼音文字的包罗万象和与时俱进，绝对难以与一目了然挂钩。并非一目了然的包罗万象和与时俱进，充其量是循规蹈矩，根本谈不上优秀而聪明。关键在于，拼音文字的唯音思维和语法系统取代了汉字的唯物思维和标准化思维。

拼音文字的语法系统显然是种辅助表意规则，用来弥补拼音文字表意的不完整或非一致性所采取的统一规范。如果词语中本来就有统一规范无须变化的标准表意词汇，何须在语法系统中另行搞一套涉及动词等时态变化变来变去的语法？

二、标准化思维

汉字的标准化设计思维使汉字具备其他文字罕见的诸多标准化：

——汉字形体占用面积的标准化

——允许诸多汉字具有同一标准读音的标准化

——基本词汇几乎皆用单字词表达的标准化

——汉字构字部件的标准化

1.汉字形体占用面积的标准化

汉字笔画数与构字部件对简繁汉字而言，颇为悬殊：最简者 1 画，如，一、乙、○（○应视为 1 画汉字）；在经过简化的通用规范 8105 个汉字中，最繁者有两个：30 画的爨（cuàn），意为烧火煮饭或灶；36 画的齉（nàng），意为鼻子不通气，发音不清（受凉之故）。当然，16～30 画的汉字也相当繁。

不过，无论简繁，其占用面积（也称空间）皆统一为标准空间——全角空间，即一个大写字母或两个小写字母所占用的空间。如果将汉字笔画及构字部件均视为信息符号的话，单个汉字的所有信息符号皆分布在一个二维"全角空间"内，呈现标准二维分布。这就是汉字形体占用面积（或称空间）的标准化。

虽然汉字笔画的多少，在某种程度上对应拼音文字词汇字母的多少，但汉字的二维标准分布，从信息密度角度看，远远领先于一维拼音文字。这是当今 IC 卡二维码领先于一维条形码所证实的科技事实，是任何人无法否认的科技事实。

文字是信息符号，而信息密度乃是重要指标之一。因此，汉字形体占用空间的标准化是文字领域的伟大创举。

由于汉字形体占用空间的标准化，使汉字的信息密度大幅提升，从而使汉字成为世界上数一数二的简洁明确的文字，成为世界上最节约纸张的文字。

2. 允许诸多汉字具有同一标准读音的标准化

汉字形体占用空间的标准化，开辟了汉字应用的锦绣前程，使汉字应用具有一系列令拼音文字望尘莫及的应用特色；也使汉字文章及书籍等具有较为精确有效的定量统计特色。而允许诸多汉字具有同一标准读音的标准化，为汉字的读音开辟了一条群组化识字的捷径。更可贵的是，使汉字朝靠近理想文字方向迈出了可喜的一步。

理想文字是意音双信息皆双双可靠展示的文字。汉字的表意信息无论是绚丽的形体或深邃的内涵，均全球领先，令任何文字望尘莫及。形声字的表音信息——音符，虽然是非绝对可靠的辅助展示，却不失为具备极高附加值的展示。

要知道，因最经济性原则的限制，任何语言文字皆极难同时绝对可靠地展示意音双信息。拼音文字仅仅绝对可靠展示语音单一信息，由音及意，表意信息完全寄托在表音信息上，再由语法信息辅充之。即，必须借助语法系统才能正确无误地表意。

汉字在完整的合体字表意信息中，极其巧妙地分离出一部分信息作为表音信息。这种分离本身就是极其伟大的创意，是其他任何文字不敢想象，更难以实施的伟大创意。人类首先就应该为这种伟大创意致敬。

再看看这种充满智慧的创意，不采取千篇一律形式，而是颇为耐人寻味地根据效用和字形分成以下 6 类特色音符：非完整汉字音符；单音音符；异音音符；相似音符；关联音符；"兼职"式音符。

这些特色音符除了充分发挥协助汉字读音的效用外，仍然与意符一道共同完成汉字表义。音符和意符还可互为对方的字形形体区分信息。作为汉字之核的音符和意符其实均各自发挥三种效用（意符显然有"协助"汉字表意或作为汉字的一个构字部件作用），这就是形声字的"双核多效"。

（1）非完整汉字音符

有些读音相同的汉字，其提示读音的"公因子"却是非完整汉字，将其单独归为非完整汉字音符一类，便于识别、记忆及了解其对读音所作的贡献。按其提示的读音（指不考虑四声声调和轻声声调，即同一音节下的读音，下同）数量从少到多依次汇编如下。

以下音符提供唯一读音

① 𣏣——餐 粲 璨 灿（燦）（括号内为异体字或繁体字，下同）

唯一读音：can

② 咢——鄂 遻 萼 愕 谔 碍 锷 腭 鳄 颚 鹗 崿

唯一读音：e

③ 丬——浆 奖 桨 酱

唯一读音：jiang

④ 良——郎 朗 廊 啷 榔 螂 琅（瑯）娜

唯一读音：lang

⑤ 粦——磷 麟 鳞 璘 獜 膦 嶙 燐 遴 潾 瞵 邻（鄰、隣）

唯一读音：lin

⑥ 畺——僵 疆 缰 礓

唯一读音：jiang

⑦ 称——黎 藜 鲡 藜

唯一读音：lí

⑧ 豊——鳢 澧 醴 礼（禮）

唯一读音：lǐ

⑨ 戌——蔑 篾 蠛（在不考虑繁体字、异体字情况下）

唯一读音：mie

⑩ 雁——鹰 膺 鹰 应（應）

唯一读音：ying

以下音符提供 2 种读音

① 肙

第 1 读音：juan——捐 绢 娟 鹃 涓 睊 罥 狷

第 2 读音：yuān——蜎

② 辡

第 1 读音：bian——辨 辩（辯）辬（辮）

第 2 读音：ban——瓣 办（辦）

③ 麃

第 1 读音：biao——藨 瀌 镳 穮（穮）

第2读音：āo——熝

④畾

第1读音：lei——儡㒦累（纍）蔂（虆）垒（壘）礌（礧）

第2读音：die——叠（疊、曡）

⑤罗

第1读音：leng——楞愣塄

第2读音：ku——啰（囉）

⑥寮

第1读音：liao——撩嘹僚嘹獠潦嫽缭燎簝憭寮鹩瞭镣疗（療）辽（遼）

第2读音：lao——潦

⑦巤

第1读音：liè——鬣躐猎（獵）

第2读音：la——邋镴（鑞）腊（臘、臈）蜡（蠟）

⑧瞢

第1读音：meng——薨瞢懵梦（夢）

第2读音：hōng——薨

⑨夆

第1读音：feng——峰（峯）烽锋蜂逢缝

第2读音：péng——蓬篷

⑩咠

第1读音：ji——辑椙缉戢戵

第2读音：qi——缉葺

⑪㞢

第1读音：qin——侵寝梫骎锓吣（唚、嗼）

第2读音：jin——浸祲

⑫殷

第1读音：qing——磬罄謦

第2读音：xīn——馨

⑬毳

第1读音：ta——塌褟缒榻蹋濌鳎鰨遢阘

第2读音：dá——阘

⑭妟

第1读音：yan——宴堰偃郾蝘

第2读音：yà——揠

⑮畐

第1读音：fu——福幅辐蝠匐副富

第2读音：bi——逼鰏煏腷湢

以下音符提供3种读音

①犮

第1读音：ba——拔跋鲅魃胈茇菝鼥

第2读音：fu——绂袚钹黻

第3读音：bo——钹盋

②恖（注：该音符其实是异体字，此处视为非完整汉字音符）

第1读音：cong——熜聪璁聪（聰）匆（怱、恖）

第2读音：chuang——膥（膥）窗（窓、窻）

第3读音：zong——总（緫、總）捴（摠）偬（傯）

③雚

第1读音：guan——灌鹳瓘罐（鑵）观（觀）

第2读音：huan——獾欢（歡、懽）

第3读音：quan——颧权（權）

④叚

第1读音：jia——假葭鰕瘕

第2读音：xia——暇瑕霞遐虾（蝦）

第3读音：gǔ——骰

⑤夅

第1读音：jiang——降绛洚

第2读音：xiang——降

第3读音：pang——逄（姓）

⑥冋

第1读音：jiong——迥炯坰扃泂

第2读音：qing——苘（檾）

第3读音：xiong——诇

⑦欮

第1读音：jue——厥劂蕨獗撅噘橛（橜）蹶（蹷）钁

第2读音：que——阙

第3读音：gui——鳜

⑧甹

第1读音：pīng——娉俜

第2读音：pin——聘

第3读音：chěng——骋

⑨菐

第1读音：pu——噗璞镤濮蹼扑（撲）朴（樸）

第2读音：fú——幞襆

第3读音：bú——醭

⑩启

第1读音：qi——棨綮启（啟、啓）

第2读音：qing——綮

第3读音：zhao——肇

⑪敄

第1读音：wu——鹜婺鹜雾（霧）务（務）

045

第2读音：mao——蝥 督

第3读音：mou——鍪

⑫䍃

第1读音：yao——摇 瑶 遥 鳐 谣 鹞 徭 猺 飖 繇

第2读音：you——繇

第3读音：zhou——繇

⑬赢

第1读音：yíng——赢 瀛 嬴 籯

第2读音：léi——羸

第3读音：luǒ——裸

⑭𢦏

第1读音：zai——哉 栽 载 栽 傤

第2读音：dài——戴 襶

第3读音：cái——裁

⑮算

第1读音：zuan——纂 篹 攥

第2读音：zhuan——篹 篹

第3读音：cuan——篡

以下音符提供4种读音

①叕

第1读音：chuò——辍 啜 惙 歠

第2读音：duo——掇（敠）剟 埑 裰

第3读音：zhui——醊 缀

第4读音：chuai——啜

②尢

第1读音：dan——耽 眈 默 髧

第2读音：zhen——枕 鸩（酖）

046

第3读音：chen——忱沉（沈）

第4读音：shen——沈

③睘

第1读音：huan——寰嬛澴缳圜鬟还（還）环（環）鹮阛

第2读音：xuan——儇翾懁

第3读音：yuan——圜

第4读音：hái——还（還）

④豦

第1读音：jù——遽濂醵剧（劇）据（據）

第2读音：qú——璩籧蘧

第3读音：xué——噱

第4读音：jué——噱

⑤昷

第1读音：wen——温辒瘟揾薀榅鳁

第2读音：yun——煴蕴韫愠缊氲酝（醞）

第3读音：wà——腽

第4读音：ǎo——媪

⑥喿

第1读音：zao——燥噪璪澡躁藻

第2读音：cao——操懆

第3读音：sao——臊氉

第4读音：qiao——幧缲

以下音符提供5种读音

①尃

第1读音：bo——博搏膊薄礴镈髆餺

第2读音：fu——傅缚榑賻

第3读音：báo——薄

第 4 读音：bù——簿

第 5 读音：pǔ——溥

②朕

第 1 读音：téng——腾藤（籘）滕縢腾誊（謄）騰

第 2 读音：chéng——塍（塖）

第 3 读音：shèng——胜（勝）

第 4 读音：dài——臁

第 5 读音：yìng——媵

③夗

第 1 读音：yuan——苑怨鸳智鹓箢涴

第 2 读音：wan——剜婉菀琬豌碗（椀、盌）腕宛帵蜿惋畹

第 3 读音：yù——菀

第 4 读音：yuè——黦

第 5 读音：wò——涴

④豖

第 1 读音：zhuo——啄琢涿诼椓

第 2 读音：zuó——琢

第 3 读音：zhú——瘃

第 4 读音：zhǒng——冢（塚）

第 5 读音：dū——瘃

⑤㐱

第 1 读音：zhen——珍（珎）胗诊疹轸畛袗

第 2 读音：chèn——趁（趂）

第 3 读音：tiǎn——㐱

第 4 读音：tiè——餮

第 5 读音：li——㐱

以下音符提供 6 种读音：

啇

第1读音：di——滴嘀嫡镝敌（敵）樀蹢

第2读音：zhāi——摘

第3读音：shi——适（適）

第4读音：zhi——擿蹢

第5读音：tì——擿

第6读音：zhe——谪（讁）

以下音符提供7种读音

①睪

第1读音：yì——译绎驿峄怿

第2读音：zé——泽择

第3读音：shì——释

第4读音：zhái——择

第5读音：duo——铎泽

第6读音：tuo——萚箨

第7读音：du——斁

②寒

第1读音：sai——赛塞噻揌（搴）

第2读音：sè——塞

第3读音：zhài——寨搽

第4读音：hái——寒

第5读音：jiǎn——謇蹇瀽

第6读音：qiān——骞搴褰

第7读音：xiān——骞

以下音符提供10种读音

①咅

第1读音：pei——陪培赔锫毰醅

第2读音：bèi——倍棓焙蓓碚

第3读音：bu——部蔀瓿篰

第4读音：bang——棒稖

第5读音：pou——剖捊

第6读音：pú——菩

第7读音：fú——涪

第8读音：bó——踣

第9读音：běng——鞛

第10读音：tǒu——敨

以下音符提供11种读音

① 夋

第1读音：jun——俊竣浚峻骏馂晙焌

第2读音：suō——唆梭朘羧

第3读音：suān——酸狻

第4读音：qū——焌黢

第5读音：cūn——皴踆

第6读音：xùn——浚（濬）

第7读音：qūn——逡

第8读音：zùn——捘

第9读音：quàn——悛

第10读音：juān——朘

第11读音：zuī——朘

② 翏

第1读音：liao——廖寥漻髎蓼

第2读音：lù——戮（勠）蓼僇

第3读音：liu——磟鹨

第4读音：miù——谬缪

050

第 5 读音：miào——缪（姓）

第 6 读音：jiao——胶（膠）

第 7 读音：móu——缪

第 8 读音：lao——醪嫽

第 9 读音：chōu——瘳

第 10 读音：jiū——樛

第 11 读音：qiú——璆

点评

① 虽非完整汉字，在某些音节中作为公用部件，却依然具备提示读音的功能。通常，唯一读音和多读中的前 2～3 种读音较易深入人心。其对汉字读音的贡献，似乎可与拼音文字媲美。

② 从上述诸例中不难看出，非完整汉字音符绝大多数均为主体构件，尤其以"㐱""羊""蔮""咢""箕""叕""睘""虙""商"等为甚。

③ 表意文字却以主体构件来提示读音，这是世界上最大胆最聪明的文字设计思想。

反观拼音文字，文字主体全是表音信息，由音及意。作为辅助表意信息，也藏在语法中变来变去，何等小心翼翼。

（2）单音音符

在探讨汉字单音音符之前，有必要引入"二级音符"概念。"字生字"的繁衍方式同样适用于音符，这就是，原始级音符添加构字部件后可生成二级音符。二级音符中显然包含原始级音符，如毕、崩、霜等二级音符，包含比、朋、相等原始级音符。原始级音符不一定为单音音符。

以下按音节顺序汇编单音音符，同样不考虑声调。首位汉字为单音音符。

ai——爱嗳嫒瑷暧媛

bi——毕哔荜筚跸（毕为二级音符）

bian——卞苄忭汴抃

bang——邦帮梆绑

beng——崩嘣蹦（崩为二级音符）

bing——丙炳柄邴病昺（晒）

bù ——布怖

bu——部蓓箁（部为二级音符）

cai——采彩菜寀睬踩（跴）

chán——廛澶躔缠（纏）

chǎn——产浐铲（鏟、剷）

chang——昌倡菖猖娼鲳阊唱

chu——除滁篨（除为二级音符）

chu——厨幮蹰橱（厨为二级音符）

cuan——窜（竄）撺镩蹿（窜为二级音符）

dian——店惦掂（战）踮（店为二级音符，痁（shān）字与此无关）

dian——颠巅癫（颠为二级音符）

dou——兜蔸篼

duan——段塅缎椴煅碫锻

duo——朵（朶）垛哚躲剁跺（踱、跢）

e——厄（戹、阨）苊扼呃轭

fa——伐垡筏（栰）阀

fei——匪榧篚（匪为二级音符）

fu——夫伕呋玞肤砆麸趺芙扶蚨

fu——付附（坿）咐驸鮒柎跗苻符拊袝

　　　其二级音符"府"读音相同：府俯腑腐

fu——伏茯袱洑栿

fu——服菔箙鵩

052

gang——冈（岗）刚岗纲钢缸㧏枫

geng——庚赓鹒

gou——勾沟（溝）钩构购笱

diao——刁叼汈

han——含浛晗焓颔琀

hao——豪壕嚎濠

hou——侯喉猴睺瘊篌糇（餱）堠候

hu——胡葫猢湖瑚煳糊鹕蝴醐鹕（胡为二级音符）

hu——互冱（沍）枑

huan——奂（奐）换唤涣焕痪

huang——荒塃慌谎

huang——晃滉榥幌（晃为二级音符）

huang——皇凰隍喤遑徨湟惶锽煌蝗篁艎鳇鼥（皇为二级音符）

hui——灰诙咴恢

hui——彗（篲）蔧嘒慧槥

hun——昏婚惛阍棔（昏为二级音符）

hun——圂溷慁（圂为二级音符）

huo——霍藿嚯臛攉

ji——脊崤蹐瘠鹡

jian——间铜裥简涧

jin——尽（盡）荩泬赆烬（尽为二级音符）

jin——禁襟噤（禁为二级音符）

ju——居据琚椐裾腒倨剧（劇）锯踞（居为二级音符）

ju——局侷焗锔跼挶桷

ju——具俱惧（懼）锱飓椇

kang——康慷（忼）糠糠（穅）

kao——考（攷）拷栲烤铐

kuang——匡劻诓哐洭恇筐

kun——困（睏）捆阃悃

la——剌喇揦瘌蝲鬎

lai——来（來）莱崃徕（倈、俫）涞棶铼睐赉唻

lan——阑澜谰斓镧（蘭）拦（攔）烂（爛）（阑为二级音符）

lan——览（覽）揽缆榄溇（灠）（览为二级音符）

lao——劳（勞）捞唠崂铹痨涝耢（劳为二级音符）

lei——雷擂檑礌镭蕾瘑（雷为二级音符）

li——历（歷、曆、厤）坜苈呖沥枥雳疬（历为二级音符）

li——厉（厲）励砺蛎粝（厉为二级音符）

li——栗（慄）傈溧溧篥（栗为二级音符）

li——利梨（黎）犁（犂）蜊俐莉猁痢鬁（利为二级音符）

lian——连莲涟梿鲢裢琏链（鍊）（连为二级音符）

lian——廉（廉）濂臁镰（鐮）蠊帘（簾）（廉为二级音符）

long——隆窿癃

lu——卢（盧）垆泸栌轳胪鸬颅舻鲈

lu——鲁橹（艪艣）镥鐪（鲁为二级音符）

lu——路蕗潞璐鹭露（路为二级音符）

luo——罗（羅）萝啰逻猡椤锣箩（罗为二级音符）

mang——莽漭蟒

mei——眉郿嵋猸湄楣镅鹛媚（眉为二级音符）

meng——蒙幪濛檬曚朦矇礞艨懞蠓

meng——孟勐猛锰蜢艋（孟为二级音符）

mo——磨蘑礳糖馍（饝）（磨为二级音符）

ning——宁（寧、甯）苧拧咛狞柠聍泞（宁为二级音符）

po——叵钷笸

qi——妻郪凄（淒、悽）萋

qian——遣谴缱

qin——禽擒噙檎

qu——渠（佢）蕖磲（渠为二级音符）

rong——容蓉溶瑢榕熔镕

sang——桑搡嗓磉颡（桑为二级音符）

shan——善鄯墡缮膳（饍）蟮鳝（鱓）（善为二级音符）

shang——商墒熵

shi——式试拭栻轼弑

shi——时（時）坿莳鲥（时为二级音符）

sī——丝（絲）咝鸶

si——斯厮（廝）澌撕嘶澌（斯为二级音符）

shu——署曙薯（藷）（署为二级音符）

shuang——霜孀骦礵鹴（霜为二级音符）

shuang——爽塽

sui——遂隧燧檖邃

suo——唢琐锁

tai——臺儓薹（臺为二级音符）

tang——唐搪鄌溏瑭螗糖（醣）糖

tian——忝添舔掭

ting——亭停葶渟婷（亭为二级音符）

tu——兔（兎）堍菟

wan——弯（彎）塆湾（弯为二级音符）

wang——罔惘辋蝄魍网（網）（罔为二级音符）

wei——畏喂碨（碨）偎隈鳂煨猥（畏为二级音符）

wei——胃谓猬（蝟）渭（胃为二级音符）

weng——翁嗡滃鶲塕蓊（翁为二级音符）

xi——夕汐矽穸（仅限于原始级音符）

xi——喜禧嬉僖嘻嬉熹憙熺［注：“嚭”（pǐ）字的音符为“否”（pǐ）］

xi——羲曦爔牺（犧）

xi——徙蓰屣

xi——息熄瘜螅媳（息为二级音符）

xi——析菥淅晰晳蜥（析为二级音符）

xi——悉蟋窸（悉为二级音符）

xian——闲（閒）娴痫鹇（闲为二级音符）

xiang——相厢葙箱湘缃想（仅限于原始级音符）

xiang——象像橡

xiong——匈恟（恼）胸讻（詾、哅）汹（洶）（匈为二级音符）

xiu——休咻庥鸺貅髹（髤）（休为二级音符）

xiu——脩滫

xu——胥谞湑糈醑婿（壻）（胥为二级音符）

xu——须媭（须为二级音符）

xuan——旋漩璇（璿）（旋为二级音符）

xuan——宣萱（蘐）揎喧（諠）瑄暄煊渲楦（楥）碹

xun——熏（燻）薰獯曛醺埙（壎）

ya——崖（厓、崕）涯睚（崖为厓、崕两个异体字的正字）

yan——晏鼹（鼴）（晏为二级音符）

yan——彦谚喭颜

yao——要喓腰

ye——耶倻椰揶爷（爺）（耶为二级音符）

ye——夜（亱）掖液腋

yi——伊咿（吚）洢（伊为二级音符）

yi——衣依铱裔

yi——医（醫、毉）嫛鷖縊嬑瞖翙（医为二级音符）

yi——壹（弌）殪噎懿（壹为二级音符）

yi——意薏臆（肊）镱癔噫（意为二级音符）

yi——义（義）议蚁（蟻）舣（艤）仪

yin——隐（隱）瘾（隐为二级音符）

ying——婴撄嘤缨瓔樱鹦瘿（婴为二级音符）

ying——英媖瑛煐锳霙暎（英为二级音符）

yōng——庸鄘墉鳙慵镛佣（傭）

yōng——雍壅臃饔拥（擁）

yù——预蓣滪（预为二级音符）

yuan——原源塬嫄螈羱愿（願）

yue——龠（籥）瀹爚

zhang——丈仗杖

zao——皂（皁）唣（唕）

zhang——章鄣獐（麞）彰漳嫜璋樟幛蟑障嶂瘴（章为二级音符）

zhen——贞侦帧浈桢祯

zhì——质（質）锧踬

zhū——猪（豬）潴橥

zhu——主住注（註）驻柱炷蛀拄砫疰麈

点评

152个单音音符，为数百汉字提供了一条群组化识字和记忆的快车道。此窍门乃汉字标准化对读音的一大贡献。

（3）异音音符

如果将音符本身的读音称为本音的话，所谓异音音符，就是仅提供本音之外的一种或几种读音的音符，并不存在与本音读音相同的字。如音符"册"只提供与本音 cè 无关的两种读音，不计本音，该音符为双音音符。

异音音符概念的引入，有利于对此类音符所提供的读音之记忆，首先要排除本音，才不致读错音。

① 禀 bǐng（本音）

第1读音：lìn——凛廪懔檩

第2读音：lǎn——壈

② 帛 bó（本音）

第1读音：mian——棉绵

第2读音：jǐn——锦

③ 册 cè（本音）

第1读音：shān——删姗珊栅跚

第2读音：zhà——栅

④ 串 chuàn（本音）

第1读音：cuan——撺镩蹿窜

第2读音：huan——患漶

⑤ 亘 gèn（本音）

第1读音：geng——峘

第2读音：heng——恒姮

第3读音：huán——桓萱洹貆

第4读音：xuǎn——晅烜

第5读音：yuán——垣

⑥ 毳 cuì（本音）

唯一读音：qiao——橇撬

⑦ 亶 dàn（本音）

第1读音：zhan——颤邅鹯鳣

第2读音：shan——擅嬗膻（羶）

第3读音：chan——颤澶

058

第 4 读音：tan——檀

⑧ 翟 dí（本音）；zhái（姓）

第 1 读音：yào——耀爝曜

第 2 读音：yuè——跃（躍）

第 3 读音：zhuó——濯擢

第 4 读音：ti——趯

⑨ 兑 duì （本音）

第 1 读音：shui——税帨说

第 2 读音：tuō——脱侻挩

第 3 读音：yuè——悦阅说

第 4 读音：shuō——说

第 5 读音：tuì——蜕侻

第 6 读音：duó——敓

第 7 读音：zhuō——棁

⑩ 夬 guài（本音）

第 1 读音：kuai——快块筷

第 2 读音：jué——决诀抉玦砄觖

第 3 读音：quē——缺炔

第 4 读音：gui——炔（姓）

⑪ 癸 guǐ（本音）

第 1 读音：kuí——葵揆睽暌戣睽

第 2 读音：què——闋

⑫ 贵 gui（本音）

第 1 读音：kui——溃馈匮蒉聩愦襀箦

第 2 读音：yi——遗

第 3 读音：tui——穨隤

第 4 读音：hui——圚缋殰

第 5 读音：wèi——遗

⑬ 关 guān（本音）

第 1 读音：sòng——送

第 2 读音：zhèng——郑（姓）

第 3 读音：zhi——踯 掷

第 4 读音：zhèn——朕

第 5 读音：xiào——咲

⑭ 号 hào（本音）

第 1 读音：tāo——饕

第 2 读音：xiāo——枵 鸮

⑮ 孔 kǒng（本音）

第 1 读音：hǒu——吼 犼

第 2 读音：kōu——芤

⑯ 亏 kuī（本音）

第 1 读音：wū——污 圬

第 2 读音：wò——肟

第 3 读音：chū——撦 樗

第 4 读音：yú——雩

第 5 读音：hù——鄠（鄠县，在陕西，今作户县）

⑰ 难 nán（本音）

第 1 读音：tān——摊 滩 瘫

第 2 读音：nuó——傩

⑱ 爿 pán（本音）

第 1 读音：zang——牂 奘

第 2 读音：zhuǎng——奘

第 3 读音：qiang——戕 斨

第 4 读音：kē——牁

⑲ 丞 chéng（本音）

唯一读音：zheng——烝 蒸 拯

⑳ 前 qián（本音）

唯一读音：jian——煎 湔 椾 揃 剪 翦 谫 箭 鬋

㉑ 屈 qū（本音）

第 1 读音：jue——倔 崛 掘

第 2 读音：kū ——窟 堀

㉒ 寿 shòu（本音）

第 1 读音：chou——筹 踌 帱 俦 畴

第 2 读音：tao——涛 焘 梼

第 3 读音：dao——祷 帱 焘

第 4 读音：zhù——铸

第 5 读音：zhōu——诪

㉓ 虒 sī （本音）

第 1 读音：chi——篪 褫

第 2 读音：chuāi——搋

第 3 读音：tī ——鷈

㉔ 庶 shù （本音）

第 1 读音：zhe——遮 嗻 蔗 鹧

第 2 读音：zhí ——摭 蹠

㉕ 蜀 shǔ（本音）

第 1 读音：zhú ——蠋 躅

第 2 读音：chù ——歜 斶

第 3 读音：zhuó ——镯

第 4 读音：dú ——髑

第 5 读音：juān——蠲

㉖ 薛 xuē （本音）（姓）

唯一读音：niè ——孽 蘖 蘖

㉗尹 yǐn（本音）

第 1 读音：yī ——伊 咿 洢

第 2 读音：sǔn——笋

㉘寺 sì （本音）

第 1 读音：shi——诗 侍 峙 恃

其二级简化音符（同音节）：时（時）埘莳鲥

第 2 读音：zhì ——峙 庤 痔 畤

第 3 读音：chí ——持

第 4 读音：děng——等

第 5 读音：dèn——扽

㉙甾 zāi （本音）

唯一读音：zī ——缁 辎 淄 鲻 锱 菑

㉚蚤 zǎo （本音）

唯一读音：sao——搔 骚 瘙

㉛宅 zhái（本音）

第 1 读音：cha——诧 姹 垞 侘

第 2 读音：zha——托 咤（吒）

㉜足 zú （本音）

第 1 读音：cù ——促 蹴（蹵）

第 2 读音：zhuo——捉 浞 镯（鋜）

第 3 读音：chuo——龊 娖

第 4 读音：bié ——蹩

第 5 读音：jiǎn——蹇 瀽

第 6 读音：zàn——趱

第 7 读音：xué ——踅

第 8 读音：qióng——跫

第9读音：bì ——躄

（4）相似音符

有些音符二者或者三者之间并无十分显著的区分，粗心者容易混淆其细微差异，甚至混为一谈。因而，单独列出相似音符进行"近距离比较区分"，对初学者深入了解汉字音符，很有必要。

① 爱（ài）与爰（yuán）

ai——爱 嫒 嗳 瑷 暖 嗳

yuan——爰 媛 援 瑗 湲

huan——缓 锾 曼

nuǎn——暖（煗、煖、晅）

xuān——谖 煊

② 仓（cāng）与仑（lún）

cāng——仓 沧 苍 舱 伧 鸧

chuang——创 疮 怆

chen——伧

qiang——抢 枪 呛 炝 戗 跄 玱

lun——仑 论 伦 轮 纶 沦 抡 图

guān——纶

③ 舂（chūn）与舂（chōng）

chun——春 椿 堾 蠢 蝽

chuan——蹎

chōng——舂 惷

zhuāng——桩（椿）

④ 氐（dǐ）与氏（shì）

di——氐 低 底 抵 羝 诋 邸 柢 坻 砥 骶 牴

chì——鸱 坻

zhī——祇 汦 胝

shì ——氐舐视（眂、眎）

zhǐ——氐纸抵

qí ——芪衹疷

⑤奉（fèng）、秦（qín）与奏（zòu）

feng——奉俸唪

bàng——棒蟀

běng——琫琒

pěng——捧

qin——秦溱榛螓

zhēn——蓁溱榛臻

zòu——奏揍

còu——凑辏腠

⑥囊（nàng）与襄（xiāng）

nang——囊嚷馕攮齉

xiāng——襄镶骧瓖

nǎng——曩

rang——嚷攘壤瓤穰禳让（讓）儴勷蘘瀼

（5）关联音符

汉字音节由声母和韵母组成。声母指开头的音，其余的音为韵母。大部分字的声母是辅音声母，小部分"零声母"音节采用元音开头，如爱（ài）、鹅（é）、藕（ǒu）等字。所谓关联音符，就是这类音符在多读现象中，具有某种可捉摸性，似有某种规律可循。往往是声母或韵母只改变其中之一，另一不变。多数情况是韵母不变，声母改变，且往往是同一组的清辅音和浊辅音之间相互取代而改变字音。如前文的 zou——奏揍与 cou——凑辏腠、dao——祷帱焘与 tao——焘涛梼及 cha——垞侘诧姹与 zha——挓咤分别是声母 z⇄c、d⇄t、ch⇄zh 相互取代导致字音发生变化。

将这类音符归为一类显然有利于理解与记忆。当然，规律变化中也可能夹杂着部分声母韵母均改变或不规则变化等不和谐因素。

①f、b⇄p　声母相互取代的关联音符（首位字为关联音符）

ba——巴爸吧把粑靶芭夿岜疤笆犯鲃钯弛耙

pa——葩杷爬耙琶潖筢帕

fei——肥淝

pang——旁莠膀磅螃鳑滂嗙耪髈

bang——膀骹榜膀傍谤塝蒡搒磅镑膀

péng——搒（榜）（韵母改变，声母未变）

bao——包苞孢枹胞炮龅饱雹刨抱（菢）鲍

pao——泡咆炮狍（麅）刨庖袍匏跑疱（炰）

bi——辟壁薜避臂嬖璧襞躄躃

pi——辟劈噼霹擗癖僻澼甓鹏譬

bei——鐾臂（韵母改变，声母未变）

bo——檗（蘗）擘

bian——扁匾萹惼碥稨褊藊编煸蝙鳊（鳊）遍艑

pian——扁偏篇翩犏蹁骗（骈）

bān——褊

piao——票漂嘌僄骠剽慓缥飘（飃）螵嫖瓢藻暯

biao——膘摽幖骠熛镖瘭裱鳔标（標）

bi——比吡沘妣秕（粊）舭庇毖毙

　　其二级音符：毕荜哔筚跸陛狴椑蓖篦

pi——批纰砒芘枇毗（毘）蚍吡仳琵屁

　　其二级音符：膍貔惟

pǐn——批（嬪）

pi——皮陂狓铍疲披

bi——彼佊诐髲

bei——被鞁骳陂

bo——玻波啵菠跛簸

po——坡陂颇婆破

pèi——帔

jūn——皲（皮为意符，音符为军）

zhòu——皱（皮为意符，音符为刍）

bēi——卑椑碑鹎箄

bi——俾萆庳婢裨髀痹（痺）

pi——郫陴埤啤椑脾裨蜱睥鼙

pai——牌簰簲

bai——捭稗

pin——颦（音符为频）

bǐng——鞞

bian——便箯缏鞭鳊（鯿）

pian——便缏楩

bi——敝蔽弊獘

bie——憋鳖蹩别（瞥）

pie——撇瞥嫳

bing——并摒屏饼栟

bēn——栟

bèng——迸

pīn——拼姘

píng——栟洴瓶（缾）帲

pián——骈胼跰

bīng——兵槟（檳、柄）

bin——宾傧滨缤槟摈殡膑髌鬓

bāng——浜

pín——嫔

pín——频颦

bin——濒

bai——白伯柏（栢）

bo——伯帛泊柏铂舶鲌箔魄

jǐn——锦

jiào——嚼

pa——怕帕拍啪葩

pai——拍迫（廹）

po——泊迫（廹）珀粕魄

tuò——魄

bao——暴瀑曝爆

pù——曝（暴）瀑

bó——襮

bào——保葆堡褓（緥）煲褒

bǔ——堡

pù——堡

bān——般搬瘢

pan——般槃磐鏧盘（盤）

bàn——半伴拌坢绊柈靽

pan——胖判版畔泮袢

pàng——胖（胮）

peng——朋堋棚弸硼鹏鬅

beng——绷崩嘣镚蹦

kuǎi——蒯

peng——彭澎膨蟛嘭

beng——甏

bèi——孛悖

bí——荸

bo——孛脖饽哱浡勃荮鹁渤馞

po——桲

bai——拜

pai——湃

fa——发酦

fei——废（廢）

bo——拨袯

po——泼钹酦

fan——番翻蕃幡（旛）藩飜墦璠膰燔蹯

pan——番潘磻蟠

bo——播嶓

po——鄱皤

bu——卜卟补（補）

bo——卜（蔔）

fù——讣赴

pu——仆扑（撲）朴（樸）

piáo——朴（姓）

po——朴钋

fu——甫辅脯黼黼簠痡敷

bu——逋峬庸晡捕哺埔铺补（補）

pu——铺匍莆葡脯捕蒲埔浦醭圃

bu——不吥钚［注：“不”必须与“不”（dǔn）区分开来］

pi——丕邳伾坯狉否痞噽（噽）

fǒu——否

fu——茯罘

068

fu——孚俘浮郛荸桴罦蜉稃孵

pāo——脬

piǎo——荸殍

fan——反饭贩畈

ban——板坂扳版钣舨蝂

pan——扳叛鎜

féi——非菲啡绯扉蜚霏鲱腓匪悱棐斐翡榧篚诽剕

bēi——悲

péi——裴

pai——排俳徘棑

②c ⇄ z 声母相互取代的关联音符

cao——曹嘈漕槽螬艚

zao——遭糟

zào——造慥簉

cāo——糙

ceng——曾嶒蹭噌层（層）

zeng——曾增憎缯罾矰赠甑

seng——僧鬙

chēng——噌

zang——臧藏赃（贜、贓）脏（髒）脏（臟）

cáng——藏

ci——次伙粢茨瓷（甆）餈

zi——资咨姿谘粢赼（趑）恣

ci——兹慈磁糍鹚（鶿）瓷（甆）

zi——兹（茲）滋嗞嵫镃孳

ci——此泚跐呲疵骴苝雌

zi——赀觜龇（呲）髭訾紫啙呰眦（眥）偨茈

zuǐ——觜嘴

chái——柴

zhài——砦

zuò ——坐唑座

cuo——挫锉莝剉脞矬痤

zhuā ——髽

chuài——膪

zú ——卒崪（崒）

cù ——卒猝

cui——翠淬（焠）萃粹瘁啐倅悴膵（脺）

zui——醉晬

zuó ——捽

suì ——碎睟谇

sū ——窣

cèi——瓾

zong——宗综棕腙鬃踪（蹤）粽

cóng——淙悰琮

zèng——综

cong——从（從）丛（叢、藂）苁枞

zong——枞纵

chuāng——疮

zhǎn——斩崭

zàn——暂錾

cán——惭（慙）

jian——渐

qiàn——堑槧

ze——则侧

cè———侧 测 恻 厕（廁）

zéi——鲗

zhá——铡

zhāi——侧

zuì——最 蕞

zuo——嘬 撮

cuō——撮

chuai——嘬

zú——族 镞

cù——簇 蔟

zhuó——鷟

sǒu——嗾

③ ch、sh ⇄ zh 声母相互取代的关联音符

cha——查 嵖 猹 楂 磆 喳 馇 踏

zha——查（查）揸 喳 渣 楂 馇

zhe——者 锗 赭 著

zhu——煮 渚 褚 诸 猪（豬）槠 潴（瀦）橥（欋）著 翥 箸（筯）

chu——躇 储 褚 楮

zhuo——著

du——都 阇 嘟 堵 赌 睹（覩）

dōu——都

she——奢 阇

tú——屠 瘏

chú——刍（芻）雏

zhou——诌 侜 惆 绉 皱

zōu——邹 驺

chōu——掐 篘

qū——趋

zhuo——卓倬焯桌

chuo——逴踔婥绰

chāo——绰焯

zhào——罩棹

dào——悼

diao——掉

nào——淖

cha——差艖槎

chai——差瘥

cuo——搓磋蹉嵯瘥艖

cī——差

jiē——嗟

zhà——溠（溠水，水名，在湖北）

zhuan——专砖（磚、甎、塼）腨转传啭

chuán——传

tuán——抟

zhuǎi——转

zhi——知蜘蛳智

chi——痴（癡）踟

zhan——詹谵瞻鳣

chan——幨襜蟾籣

shàn——赡

dan——儋甔澹胆（膽）担（擔）

tan——澹

yán——檐（簷）

zhi——至屋郅桎致（緻）轾铚窒蛭螲侄（姪）

chī ——胵

dié ——垤 绖 耋 螲

dao ——到 倒 捯

zhǐ ——止 址 （阯） 芷 沚 祉 趾

chǐ ——耻 （恥）

chě ——扯 （撦）

chī ——蚩 嗤 媸

zhì ——滍

chang ——长 （長） 苌 怅 伥

zhang ——长 （長） 涨 张 帐 账 胀

chéng ——枨

cháo ——朝 嘲 潮

zhāo ——朝 嘲

duān ——耑 端

chuai ——揣 踹

chuan ——遄 篅 （圌） 喘

zhuan ——颛

chuí ——圌

zhuì ——惴

ruì ——瑞

tuān ——湍

shao ——召 邵 劭 绍 苕 韶 卲

zhao ——召 诏 炤 照 招 昭 沼

chao ——超 怊 弨

tiáo ——迢 苕 岧 （岹） 笤 龆 髫

diao ——蛁 貂 （貂）

yáo ——轺

zhen——真 禛 缜（稹）鬒（黰）瑱 镇

chēn——嗔 瞋

shèn——慎

diān——滇 傎 颠 蹎 巅 癫

tián——填 阗

zhūn——衠

zhōu——周（週）啁 赒

chóu——惆 稠 绸（紬）裯

diao——凋（彫）碉 雕（彫、琱、鵰）鲷 调

tiáo——调 蜩

ti——倜

zhāo——啁

zheng——争 挣 峥 狰 睁 铮 筝 摜 净 闹

chēng——琤

jing——净（淨）静

chéng——乘

shèng——乘 剩（賸）嵊

chéng——成 郕 诚 城 宬 晟 盛 铖

shèng——晟 盛

zhū——朱（硃）邾 侏 诛 茱 洙 珠 株 铢 蛛

shū——殊 姝

zhòu——咮

shu——术（術）述 沭 秫

chù——怵

zhú——术

can——参（參）惨 骖（驂）黪 掺 穆

shen——参（參、葠、蓡）椮（槮）渗 瘆

chěn——塍碜（硶、磣）

cēn——参

shǎn——掺

chān——掺

san——毿糁

zān——篸

zhi——支 枝 吱 肢 忮

chi——豉 翅（翄）

ji——技 芰 妓 伎 屐

qi——敁 岐 歧 跂

zī ——吱

zhǎng——掌 礃

chēng——撑（撐）

shang——尚 绱（鞝）裳 赏

chang——倘 常 嫦 徜 裳 惝 敞 氅 尝（嘗、嚐）偿（償）

tang——糖 趟 棠 倘（儻）淌 惝 躺

　　　其二级音符：堂 噡 铛 蹚 樘 膅 蟷

cheng——掌 瞠

tóng——童（僮）潼 曈 朣 瞳 橦

chōng——憧 罿 艟

chuáng——噇 幢

zhuàng——僮 撞 幢

zhòng——穜

tuǎn——疃

shi——是 湜 寔 匙

chí ——匙

ti——提 题 缇 醍 鳀（鯷）

di——堤（隄）提蹄

④ t ⇄ d 声母相互取代的关联音符

tong——同铜桐侗垌莔峒烔酮鲖筒（笛）衕恫（痌）

dong——洞侗垌峒恫胴硐

ting——廷廷庭蜓霆侹挺斑梃铤颋艇脡

ding——铤

ding——丁仃叮玎盯町钉疔耵酊靪顶订钉碇（矴、椗）

ting——厅（廳、厛）汀听（聽、聼）町

dēng——灯（燈）

da——打哒

zhēng——丁

tai——太汰态（態）肽钛酞呔

dai——呔

di——狄荻嘀（啲）

ti——迷（邎）

dao——刀叨忉鱽

tāo——叨

diǎn——典碘

tian——溗腆觍

dǎng——党（黨）谠挡（擋、攩）

tǎng——傥镋

di——弟俤娣睇递（遞）

ti——梯锑绨鹈剃悌涕鳀（鯷）

dōng——冬咚氡

tong——佟岽

téng——疼

zhōng——终柊螽

tú——图（圖）

dì——帝谛蒂（蒂）缔褅碲

ti——啼（嗁）遆蹄（蹏）

chì ——啻

chuài——膪

dan——旦但担（撢）亶胆（膽）疸疸掸（撢、撢、担）

tǎn——坦钽袒

da——妲笪靼疸妲怛

ji——暨

dan——单（單）郸殚瘅箪掸（撢、撢、担）惮弹

tan——嘽弹

chan——单（單）婵禅蝉啴阐幝（幝、幝）

shan——单（單）掸禅

dī ——碚

zhì ——觯

tán——覃谭潭燂磹镡醰坛（壜、罎、墰、罈）

dàn——禫

qin——覃（姓）

chán——镡（姓）

xín——镡

xùn——蕈

diàn——簟

shěn——瞫

yín——蟫

tún——屯囤饨忳鲀豚（独）

dun——吨（噸）盹囤沌炖（燉）砘钝顿

zhūn——屯迍肫窀

chún——纯 莼（蓴）唇

dèn——扽

dú ——顿

zhuàn——沌

yan——炎 剡 琰 棪 㷋 焱 焰（㷔）

tan——谈 倓 郯 埮 锬 痰 葵 毯

dan——淡 啖 赕 氮

shan——剡 掞

jì ——罽

chuā ——欻（歘）

xū ——欻（歘）

tián——田 佃 畋 畑 钿 畠

diàn——佃 钿 甸

ji——稷

lüè——略（畧）

mǔ ——亩（畝）

qí ——畦

⑤ j ⇄ q 声母相互取代的关联音符

qi——其 淇 骐 琪 棋（棊、碁）祺 蜞 鲯 麒 萁 綦 期 欺 旗（旂）

ji——其 基 期 綦

qi——齐（薺）荠 脐 蛴

ji——齐（薺）剂 荠 哜 济 霁 鲚 挤 跻 齑

qi——奇 骑 琦 锜 埼（碕）崎 攲 敧 绮

ji——奇 剞 犄 畸 觭 掎 倚 寄

yi——猗 漪 椅 欹 倚 踦 旖

jia——加 伽 茄 迦 珈 枷 痂 筘 袈 跏 嘉 驾 架

qié ——伽 茄

078

qué ——瘸

gā ——伽 咖

kā ——咖

hè ——贺

jia ——夹（夾、挟）浃（浹）郏荚铗颊蛱

qiè ——愜箧

gā ——夹（夾）

xiá ——侠峡狭硖

xié ——挟

cè ——筴

shǎn——陕（陝）

jiao ——敫缴曒儌徼噭

qiào ——撨蹻

jī ——激

xí ——檄

yāo ——邀

zhuó ——缴

jiǎo——角

jué ——角桷觖

què ——堁确（確、塙、碻）

hú ——斛嘝槲觳

sù ——觫（"束"为音符）

zī ——觜

zuǐ ——觜嘴

jie ——解（鮮）檞

xiè ——解薢嶰獬邂廨澥懈蟹（蠏）

jiao——焦僬蕉噍礁鷦憔醮

qiao——劁谯蕉憔瞧樵

zhàn——蘸

qiao——乔（喬）侨荞峤桥硚轿

jiao——娇骄矫挢轿峤

juē——屩（屬）

jin——金唫

qín——捦

xīn——鑫

yín——岒（嶙）吟（唫）

gan——淦（淦水，水名，在江西；姓）

jin——今矜妗衿

qin——衾芩矜琴撳（撳）

yin——吟（唫）

guān——矜

cén——岑涔

chen——梣跈

qián——钤黔

jin——斤（觔）近靳劲（劲、劢）

qín——芹

xin——欣忻昕炘新薪焮

yin——圻垽断

yi——沂（河名）

qi——祈圻颀

xian——掀锨

qiāng——斨

chù——斶

suǒ——所

080

zhuó——斫斲

jīng——泾经茎到颈劲径（俓、迳）弪胫痉

qīng——轻氢

jìn——劲（勁、劤）

qiǎng——羟

tīng——烃

xīng——陘

gěng——颈

kēng——硁（硜）

jīng——京惊（驚）猄鲸倞景憬璟麖

qíng——勍黥（剠）

qióng——琼（瓊）

liang——凉（涼）椋辌倞谅晾

jiù——就僦鹫蹴

cù——傶蹴（蹵）

hào——颢灏

jiàng——弶

jǐng——敬儆警

qíng——檠擎

qīng——青清圊蜻鲭情晴赌氰请清箐

jīng——菁腈睛精鯖婧靓靖静

qiàn——倩茜（蒨）

qiāng——锖

liàng——靓

cāi——猜

zhēng——鲭

jiang——将（將）螀蒋鳉

qiang——将（將）锵

qiāng——强（強、彊）镪襁（繦）

jiang——强（強、彊）犟（勥）糨（浆、糡）膙

jian——戋（戔）浅（淺、濺）笺（箋、牋）饯贱溅践

qian——钱浅

jian——建健楗腱键键蹀鞬犍

qián——犍

qiān——千迁（遷）扦仟阡芊钎纤（縴）

jiān——歼（殲）

jiān——兼缣鹣蒹搛鳒

qian——谦嗛歉慊嗛胠（膁）

qiè——慊

lián——磏鬑廉濂镰臁蠊

xián——嫌

zhuàn——赚

zuàn——赚

qiān——佥（僉）签（簽、籤）

jian——俭捡检硷（礆、鹼）睑剑（劍、剱）

lian——脸敛裣莶潋殓

xian——险崄猃荟

yàn——验（驗、騐）

qiú——求俅逑球（毬）赇裘

jiù——救（捄）

qiu——秋（秌）萩湫楸鹙鳅（鰍）鞦鞧（鞧）

jiū——揪啾鬏

qiao——锹（鍫）愀偢

jiǎo——湫

chou——愁 偢 湫

juan——卷 锩 倦 圈 眷 （睠）

quan——圈 棬 惓 蜷 （踡）鬈 绻

jun——君 莙 鲪 郡 捃 珺

qún——群 （羣）宭 裙 （帬）

qu——瞿 欋 氍 臞 癯 蠼 衢 蘱

ju——瞿 惧 （懼）

quan——酄

jué ——戄 攫 钁 （镢）

yuè ——籰 （籆）

qie——且 跙

jiě ——姐

ju——且 趄 狙 罝 疽 雎 咀 沮 砠

zu——租 菹 （蒩）诅 阻 组 俎 祖

zhù ——助

chú ——锄 （耡）

cu——粗 （觕、麤、麁）徂 殂

zuǐ ——咀

zǎng——驵

⑥ k ⇄ g、h 声母相互取代的关联音符

kūn——昆 崑 琨 焜 锟 鹍 （鶤）醌 鲲 裩

gun——绲 辊 棍

hun——混 馄

huì ——会 （會）荟 浍 绘 桧 烩

kuai——会 （會）侩 郐 哙 狯 浍 脍 鲙

guì ——刽 桧

gao——高 膏 篙 搞 缟 槁 （槀）暠 镐 稿 （稾）藁

hao——蒿嚆鄗滈暠镐皓（皞）

kào——犒

qiāo——敲

hè ——嗃

sōng——嵩（崧）

kang——亢伉抗炕钪闶闶慷（忼）

hang——亢杭吭航颃沆远

kēng——坑阬吭

xing——行荇（莕）

héng——行桁珩鸻衡蘅

háng——行绗

kàn——衎

xiàng——衖

⑦ x ⇄ g、s、j 声母相互取代的关联音符

xiao——肖削逍消宵绡硝销蛸霄魈

qiao——悄俏诮（谯）峭（陗）帩鞘

shao——捎梢稍蛸筲艄哨睄潲

sào——梢

xiè ——屑楔

xuē ——削

shuò ——槊

jiao——交郊荞峤姣胶（膠）鵁蛟鲛跤佼狡饺绞铰皎笺较珓校

xiao——校效（傚、効）洨

yǎo——咬（齩）

（6）"兼职"式音符

检字部首中的汉字显然属意符，其中不少可"兼"作音符，

084

如风、马、文等字，此类音符定义为"兼职"式音符。

考虑到音符意符均具非确定性，有时较难明确区分，故此类音符仅展示其与音符读音相同的"本音"汉字，变相片面地视为"变相单音音符"，以利于记忆与其读音相同的本音汉字。前文已提及的此类音符，此处不再重复。

chi——赤哧

cun——寸时刌忖村（邨）

da——大汏达（達）哒跶垯跶莗

dai——大轪

dai——歹殆呔

fang——方芳坊邡枋钫蚄防妨肪仿（倣）彷访纺昉舫髣放鲂

fu——父斧釜滏

ba——八扒叭朳

dou——斗抖阧枓蚪斗（鬥、鬭、鬪）

dòu——豆（荳）逗（鬥、鬧）饾脰痘

er——耳洱饵珥铒刵佴咡

gong——工功攻红巩（鞏）汞贡唝（注：红的主要读音为hóng）

gōng——弓躬（躳）

guang——广（廣）犷

gui——鬼傀魁瑰

he——禾和（龢）盉

hu——户护（護）沪（滬）戽（扈）

gu——骨菁馉榾鹘

gua——瓜呱胍

hēi——黑嘿

chē——车（車）伡砗

chen——辰晨宸

bei——贝（貝）狈钡呗

diǎo——鸟（鳥）鸴

niǎo——鸟（鳥）茑袅（嫋、嬝）

ji——几（幾）讥叽饥玑机肌矶虮

ji——己纪朼记忌惎

jian——见（見）舰（艦）觇笕

jiu——臼柏舅旧（舊）

kou——口叩（敂）扣（釦）筘（蔻）

lǎo——老佬姥栳铑

lěi——耒诔

li——里（裹、裡）俚哩浬悝娌理锂鲤狸厘（釐）喱桲

li——力荔

li——立粒笠苙（蒞、涖）

long——龙（龍）茏咙泷珑栊（櫳）昽胧砻眬聋笼陇
拢垄（壟、壠）

lù ——鹿漉辘麓簏

ma——马（馬）吗犸玛码蚂妈杩犸骂（駡）吗（么）

ma——麻（蔴）嬷摩嘛（么）抹

mài——麦（麥）唛

mao——毛牦（氂）旄酕眊耄毪牦髦

mao——矛茅蝥蟊袤瞀懋

men——门（門）扪钔闷焖们

mi——米洣脒籹咪眯（瞇）迷谜醚糜麋醿（醾、醾）

mǔ ——母坶拇姆

mù ——木沐霂

mù——目苜钼睦

nǚ——女钕籹

qi——气（氣）汽

qiàn——欠茨嵌歉

quǎn——犬畎

ren——人认（認）

ri——日驲

shan——山舢讪汕疝赸

shi——尸（屍）鸤屎

shi——石炻祏鼫

shi——十什辻

shí——食（蚀）蚀饰

shì——士仕

shǔ——鼠癙

si——四泗驷罳（该字音符应为"思"，两部分读音基本相同）

tu——土吐钍塊（该字土为意符，音符意符读音相同）

wang——王枉汪尪（尩）旺望

wei——韦（韋）违围帏闱伟苇玮炜韪纬

wen——文纹炆蚊雯抆紊汶璺（纹）

xī——西茜恓栖牺（犠）硒舾粞

xin——心芯伈

xīn——辛莘锌

xué——穴茓

yang——羊佯垟徉洋烊蛘氧痒（癢）养（養）样（樣）恙漾

yao——幺（么）吆窈袎靿藥

yan——言喭

ye——业（業）邺

yi——乙钇亿（億）艺忆（憶）呓（囈、讛）

yi——弋杙

yi——义（義）仪议蚁（蟻、蛾）

yin——音喑（瘖）愔窨

yong——用佣（傭）拥（擁）痈（癰）

you——酉櫌楢猷蝣犹（猶）莸（蕕）

yu——鱼（魚）渔（籔）

yu——谷浴峪欲（慾）鹆裕

yue——月刖（跀）捐玥钥（鑰）

zhua——爪抓

zhōu——舟侜

zhui——隹锥椎雉（注：隹必须与"佳"（jiā）区分开来）

zi——子仔籽好籽孜字秄

小结

作为汉字主体构件的声旁，竟然可扮演6种特色音符角色，从多角度为汉字读音作贡献。加之音符还可充当相同意符下的区分信息，汉字音符的确具备极高附加值。

允许诸多汉字处于同一音节不同声调下的标准化，确实为表意汉字在读音方面展示出甚至可与拼音文字媲美的多彩智慧。

3. 基本词汇几乎皆用单字词表达的标准化

基本词汇乃是词汇中最主要的那部分，即反映人类对自然界、人类自身和社会生活的一些最基本概念，几乎都可用单字词表达：

（1）天文地理、自然现象：天、地、风、云、雷、电、雨、雪、雾、虹、山、河、湖、海、洋、水、旱、涝等。

（2）动植物：牛、马、羊、鸡、鸭、猪、狗、虎、狼、狮、竹、松、柏、树、花、草、菜等。

（3）社会生活：油、盐、柴、米、酱、醋、茶、灶、火、刀、笔、车、船、房、屋、家等。

（4）人体结构：头、脸、耳、眼、口、手、脚、牙等。

（5）亲属称呼：父、母、兄、弟、姐、妹、叔、嫂等。

（6）指称和代词：我、你、他、谁、那、这等。

（7）数量和单位、时间：个、十、百、千、万、尺、寸、亩、斤、吨、年、月、日、时、分、秒等。

（8）方位：上、下、左、右、内、外、东、南、北等。

（9）人和事物性质、状态：好、坏、优、劣、多、少、高、低、大、小等。

（10）人和事物行为、变化：走、跑、奔、来、去、哭、笑、吃、想、写等。

小结

基本词汇几乎单字词化的标准化为汉字库的简洁奠定了坚实的基础。该标准化思维的伟大贡献在于，实现了汉字汉语的"明确简约"。而"明确简约"乃是汉字汉语科学性的本质之所在（我国当代语言文字学家徐德江先生关于汉字的著名论断）。

4. 汉字构字部件的标准化

同样有明确简约之特点，拼音文字何以给人以单调乏味之感觉，而汉字则给人以五花八门五彩缤纷之感觉？关键在于构词材料与构词方式的天差地别。

一个单调数量少，一个五花八门数量多，且充满智慧艺术布局，绚丽多彩。生字方式犹如吸收天地人之精华，无论是部首与独体字搭配，还是独体字与独体字搭配，都显得那么自然，天造地设般浑然天成。搭配生字优生优质，令任何文字都羡慕不已。这就是汉字构字部件标准化的丰硕成果。

三、艺术思维

方寸天地，波澜壮阔。汉字，唯有汉字，才能在方寸天地涌动智慧的波涛，涌动艺术的波涛。一维拼音文字除了布下长蛇阵外，其形其状，能在方寸天地掀起惊涛骇浪吗？不可能！

汉字之美在于其形体美轮美奂，小小方寸天地，竟然能幻化出成千上万种能表达客观世界和主观世界形形色色概念的信息符号。这些信息符号，有完善的二维艺术布局，个个符合审美要求，给人以美感享受。

象形、指事、会意和形声是汉字的四种主要造字方式，而唯物思维、标准化思维、艺术思维、联想思维则是实现这四种造字方式的总体设计和具体设计的指导思想。四种造字方式和四种设计思维，实际上是手段和目标的关系。

试想想看，象形字、指事字的设计，如果没有唯物思维和艺术思维，能将张开的嘴、撑开的伞、一望无际的田野的田及数字一、二、三等字，设计成口、伞、田及一、二、三如此简洁明快、惟妙惟肖吗？

会意字、形声字的设计，如果没有联想思维行吗？涉及字形、字音，即规范字体占用空间及标准读音的标准化思维，如果不统管全部汉字行吗？

总之，要造出实用而美观的成千上万以上的汉字，非得有唯物思维、标准化思维、艺术思维和联想思维不可。

艺术思维是指所设计的汉字，字体形状要独特而美观，要用富有创造性的方式方法巧妙实现。或者说，艺术思维的要求是，对汉字的设计要实现三化——构字材料多样化、二维布局巧妙化、字形区分精细化。

1. 构字材料多样化

一、九、十、山、木、工、寸、才、女、牛、羊、大、小、千、弋、丁、卜、亡等汉字，显然是仅由笔画所构成，笔画是汉字最原始的构字材料。

花、笑、清、冷、热、陈、都、到、这、蚊等字，是由偏旁和汉字所组成；而明、华、群、籼、贺、赢、品、森等字则全由汉字所组成。因此，汉字的构字材料不外乎是笔画、偏旁和部分汉字（独体字）。

其实，偏旁并非仅仅指不能单独成字的艹、竹、宀、冫、氵、纟、阝、辶等，大多数倒是诸如金、木、水、火、土、日、月、山、米、禾、虫、女、鱼、鸟、龙等汉字。此类汉字可定义为结构汉字。

考虑到形声字是最主要的造字方式，作为构字材料的笔画和不能单独成字的偏旁总数虽不足一百，但结构汉字多达数百，甚至有可能数以千计。

无论从文字符号形体的绚丽多彩或其庞大总数（相对于任何拼音文字的字母总数而言）来看，在艺术思维指导下设计出构字材料的多样化，足以让任何拼音文字字母产生敬畏。

2. 二维布局巧妙化

构字材料琳琅满目，灵巧布局，美不胜收。尽管，结构汉字大多数是左中右或上中下布局，但定位偏旁和不定位偏旁四面八方、里里外外的灵巧布局，不免令人眼花缭乱。经过平面美术设计精心雕琢出的定位偏旁，犹如形状和方位各异的文字符号积木，除内行外，甚至外行观其形也知其定位。如艹、竹、宀、冖，任何人皆不至于将其定位于非上方位置。

如果说，有四个偏旁——皿、罒、目、血，试问，其中哪个可左可右，哪个只左不右，哪个只下不上，哪个只上不下？

分析：左右者，只能竖写也，显然非"目"不可。只下者稳重，皿比罒稳重，故"皿"旁只下不上，"罒"旁只上不下。"血"字上面一撇撇向左，故"血"旁只左不右。一目了然的典型字为：

睹、泪、罗、蛊、蜉。

不定位偏旁其实应分为双方位（如陈、阴、邓、邦等字中的"阝"）、三方位（如鸵、鸽、鹰等字中的"鸟"）和全方位（四方位及以上，如骑、妈、驾、骉、腾、闯等字中的"马"）至少三类。典型的全方位偏旁莫过于口、木、虫等。

口

依次叠加：口 吕 回 品 蛔 榀

左：吃 喝 吹 唱 叫 吩 叶 等

右：加 知 和 扣 等

上：另 呈 只 兄 虽 哭 骂 咒 等

下：古 杏 吉 召 各 哲 吞 等

左下：群 哉

右上：积

右下：右 君 名 石 启 嘉 等

四面：器 嚣 噩 矗

半包围：匦 问 向 句 可 哥 何 咸 同 冏 等

大口：固 国 围 困 图 等

木

依次叠加：木 林 森（延伸字——郴彬淋琳禁楚等）

左：树 棉 松 杨 杭 机 权 样 等

右：沐 床 等

上：李 杰 查 杏 柰 等

下：柴 梨 桌 采 条 桑 渠 桨 等

左下右下：栽 霖

半包围：闲

全包围：困

虫

左：蚊 虹 虾 蚯 蚁 蛇 蜂 蝗 蝴 等

右：烛 融 虺

上：蛊 （蠱）

下：蛮 蚤 蛋 萤 蚕 蛰 蟹 蠃 螽 蠢 等

半包围：闽

灵巧布局的多方位偏旁确实令人眼花缭乱。当然，单向布局的定位偏旁也令人过目不忘。如：

左——亻 彳 氵 冫 纟 钅 忄 𧾷 等

右——刂 攵

下——皿 廾 等

上——艹 竹 宀 冖 等

半包围——匚 凵 门 几 廴 辶（代表字如匡、匿、凶、周、同、凤、风、这、近、建、廷等）。

上述偏旁别致风趣，艺术性甚强。

3. 字形区分精细化

艺术思维令汉字真不愧为世界上最精密文字。

拼音文字单词形体的区分，不外乎是单词字母数量差异、字母形体差异和字母排列顺序差异等3种区分要素。这3种差异可定义为字母级差异。

对汉字而言，类似于字母级差异可定义为偏旁级差异：偏旁数量差异、偏旁类型差异和偏旁布局差异。

偏旁数量差异例字：河菏　何荷　胡湖

偏旁类型差异例字：苯笨　蠃（léi）蠃（luǒ）　蠃蠃（yíng）

偏旁布局差异例字：棚翢　呲雌　泚煞

注意，拼音文字字母级差异均会导致词汇读音与意义的改变，但偏旁级差异主要改变字义，字音或者基本不变（仅声调改变）

或者完全不变（如河、何、菏、荷）或者改变。

因而，表意汉字可一批批识字而意义又可通过偏旁数量、类型及布局差异强化记忆。即音符提速识字进程，意符强化记忆。双核双效汉字奥妙无穷。

汉字字形区分远非止于偏旁级差异。偏旁级差异主要适宜于以形声字为主的合体字。对独体字和某些简易合体字而言，有更为高一档次的区分特征，这就是笔画级差异。笔画级差异有 4 种类型：笔画数差异、笔形差异、笔画方位差异、笔画长短差异。

笔画数差异

尽管汉字是由各类笔画所组成，笔画数差异可统指所有汉字间的差异，但此处仅限于特指一二笔之差和一点之差，即特指有一二笔和缺一二笔、有一点和缺一点之差。为提升对比度起见，缺笔画者在前。

乜（niè 或 miē）也 　　　　　夰（mǎo）有

弍（èr）弎（sān）　　　　　卅（sà）卌（xì）

仁（rén）仨（sā）　　　　　泂（jiǒng）洞

茼（qǐng）茼（tóng）　　　　夬（guài）央

气（piē）氘（dāo）氚（chuān）　　不丕（pǐ）

日旦旧 　　　　　　　　　　　艮（gěn）良

冷泠（líng）　　　　　　　　氐氐（dì）

用甬（lù）　　　　　　　　　下卞（biàn）

巾币	古舌	之乏	七毛	非韭
夕歹	土王	白百	埋理	亨享
杳查	王主玉	几凡	万方	大太
刁习	木术	九丸	今令	江汪
尸户	斤斥	刀刃	乌鸟	清清
准淮	冼洗	又叉	免兔	

笔形差异

拔（bá）拨（bō）　　　　　　　　孑（jié）孓（jué）子

不（dǔn）不（bù）　　　　　　　　佳（jiā）隹（zhuī）

戊（wù）戌（xū）戍（shù）成　　母毋（wù）

乒（pīng）乓（pāng）　　　　　　　　　用甩

于干千　　　天夭（yāo）　　　天无　　　王壬（rén）

刀刁　　　寸才　　　人入

笔画方位差异

太犬　　　玉主　　　未末　　　土士

笔画长短差异

己（jǐ）已（yǐ）巳（sì）（注：圯念 yì）　　　　土士工

田甲由申　　　天夫

小结

笔画方位差异突显汉字的二维性，而笔画长短差异及一点之
差，更突显汉字精密无比。其精度甚至可定量地精确计算出来。

因为，如果采用 LED（发光管）显示汉字，绝大部分汉字均
可用 16×16 点阵（个别笔画繁多的汉字宜采用 32×32 点阵）清晰
表达出来。对己、已、巳三字而言，其差异仅仅表现在左边竖笔（其
末端为钩笔形）起笔顶端是顶着下横笔（己）还是顶着上横笔（已）
或者位于上下横笔起笔点中间（巳）。采用 LED 表达，已和己的
左竖笔起笔点只差两个 LED，即其分辨率为 $\frac{2}{16 \times 16} = \frac{1}{128}$，优于 1%
（若为 3 个 LED 之差，其精度优于 1/85）。该精度为任何文字难
以企及。

因此，艺术思维完全可实现汉字区分精细化，令汉字成为世
界上最精密的文字。

艺术思维使作为构字材料的笔画、偏旁和结构汉字三者总数
远超 500，甚至数以千计。如此丰富多样，为任何拼音文字字母

总数所望尘莫及。

艺术思维更使丰富多样的构字材料在标准化二维空间内巧妙布局，充分发挥二维空间的区位优势、并列优势、垂直优势、综合优势和包容优势，妙笔生花，令汉字绚丽多彩，举世无双。

倘若联系汉字书法艺术，汉字的艺术思维登峰造极，令画家也佩服至极。

四、联想思维

文字是思维的产物。优秀文字必须放飞思维，无疑亟须由表及里、由此及彼的联想思维。

象形字、会意字充满联想思维。如典型的象形字——丫、山、口、田、凹、凸、伞等，尤其是"伞"字，伞柄、伞骨、伞面三者齐全，难道不令人遐想联翩吗？再看"山"字，地平线上三座山峰、中央主峰高于两旁侧峰，既抽象又十分形象。

又如典型的会意字——甮（béng）、甮（fèng）、勥（fiào）、孬（nāo）、否、卡、忐忑（tǎn tè）、尖等，尤其是"尖"字，上头小，下面大，令人一看就望文生义。

由象征性符号构成的指事字同样洋溢着联想思维。请看，相当简单的"上下"二字，只要指出该二字的一横均代表地平线，便可立即领悟出，象征着以地平线为参照系的文字符号上下，再形象不过地恰如其分地表达出指事字简洁明快的智慧之所在。

再看，汉字一、二、三与阿拉伯数字1、2、3何以有惊人的形似神似？数字1、2、3突显书写便利，而汉字一、二、三更突显象征性，更具表意文字特征。汉字数字与阿拉伯数字一样，都放射出人类最高智慧的光芒。

众所周知，生物界中最普遍的一种繁衍方式——两性生殖细胞的结合形成新生命，新生命往往可吸取二者优点而扬之，这就是青出于蓝而胜于蓝的真谛所在。与此类似，犹如两性生殖细胞的形旁声旁之结合所生成的新汉字——形声汉字，正是因为发扬了形旁声旁各自优点而成为生命力极其强大的举世无双的文字。形声汉字依然洋溢着联想思维，双核多效文字便是对形声汉字的经典描述与褒扬。

联想思维将汉字在设计阶段就推向哲理高峰，将思维与存在、概念与文字符号的一一对应关系及最佳数量调整到最佳状态。汉字逐渐累积起巨大智慧能量，并最终炼就成凝聚人类最高智慧的结晶。因而，具有高位智慧势能鹤立鸡群的汉字，彻底摆脱了拼音文字繁琐语法的桎梏，简洁明快，灵活神奇，神通广大，科学性、逻辑性、实用性皆强大无比，成为世界上青春永驻寿命最长的独一无二的聪明文字，凝聚天地人精华的神奇文字。

从汉字与单片机与指令系统及集成电路的全方位神似，从汉字惟妙惟肖的二维性及其精巧布局，从汉字库有限汉字到数千年来的无限应用的高度统一，从单字词到搭配升华的高度统一，从包罗万象到以微变应万变的高度统一，这一切的一切，无不表明汉字的科学性强大无比、登峰造极。

表意汉字绚丽多彩，在形态结构方面给人的想象空间，犹如一马平川上的万马奔腾，气势磅礴，雄伟壮观。汉字深邃的解析性，更令人回味无穷。

让我们从仅有 4 画的简易汉字"互"字的解析开始，逐步展开联想的翅膀，描述汉字如诗如画般的形态结构吧。

互——上下二横顶天立地，喻天地，喻你我，喻男女，喻老幼，喻甲乙双方；双方互伸巨臂，曲臂相挽，共同构筑起互助友爱之通道；口字形通道，既寓意四通八达，方方面面，又寓意共同诉说互助美德。

"互"字形态结构，尽善尽美，尽显天地人关系之无穷韵味。

工——上下二横比喻天地，中间一竖顶天立地，意味着工人阶级顶天立地；任何人皆应工作，天经地义。

信——人言为信，诚信乃信誉之根本。

道——该字的两个部件皆表意。"辶"表其第一含义——供行走、行车等之用的道路的道。

另一部件"首"字，首即头。头有大脑，因而待人接物要讲道德，要讲道理，道德、道理的道。

头上有口，能说会道，道谢道歉，一语道破，皆表道又含说的意思。

头上五官与大脑，共同构成思维系统。因而，"道"字还有思想体系、方向、方法等含义。如，治学之道、从政之道、经营之道、养生之道等。

道字里面的确蕴藏着丰富而又深刻的知识。形声字（合体字）形态结构最能体现辩证思维，激发人的联想，并体现中华民族文化精神。

赢——由5个汉字构成的"赢"字蕴涵中华文化的深邃哲理：

赢指赢钱、盈利、胜利等含义，钱通过"贝"体现。中间的口指口碑，含义深邃："赢"必须令人心服口服（口位于中间的寓意），即必须有口碑，赢之有理，取财有道。字顶之"亡"即危险意识。赢是福，但古人又说福兮祸所伏，故要正确对待赢利或胜利，要以平常心态对待胜利（右下角"凡"的寓意）。左下角的月指时间，"月贝"指财富本该通过日积月累而获取。

臭——自大一点便臭了，对臭字的哲理性解析。

囚——一个人身陷囹圄，失去自由，这就是囚犯，犯了法的下场。

诡——将诡辩视为危险的言论，充分揭示出其狡诈、奸猾之本质。该字哲理性甚强。

蝗——可音读半边的典型形声字。在封建社会，作为统治者的皇上，若与虫为伍或其本身就是一条虫，对被统治者——百姓而言，无异于农作物遭遇蝗灾。

音符兼意符，一箭双雕，包含深邃哲理。

耻——不堪入耳的羞愧与耻辱之事，不仅要止于耳，更要止息。止含双关。

忍——心字头上一把刀，是可忍，孰不可忍？抑或忍无可忍？务必根据是非曲直，慎之又慎，三思而行。

诲——言即说，每有反复之意。反复说教乃为教导、教诲、教训和诱导。

盼——亲人目光被千山万水阻隔分开，多么盼望能早日团聚；理想目标暂时与自己分开多么盼望能早日实现。

财——作为钱与物资的总称之财字，采用造字时代（古代）的货币——贝作意符理所当然；创造财富要靠自己的才能智慧去实现。用才作音符，一箭双雕，音意兼顾。

贬——贝含货币、价值之意；乏为贫乏、缺少之意。二者相结合，自然而然传递出降低、贬值和指出缺点评价差劲等贬字含义。

时——空间尺度 1 尺为 10 寸，时间尺度 1 日为 24 小时。寸日相结合，不就是时空概念的既定性又有靠谱的定量巧妙描述吗？汉字结构设计令数学家也叹为观止。

双——又字表示重复，两个又字示意一双，成双成对也。两个又字相结合，更形象直观地传递出：两个、双方、偶数的（又和又即为偶数）、加倍的等一系列含意。

从——一个人跟在另一个人后面，这不就是跟随嘛。

泪——目指眼睛，目旁流淌着三点水，不就是泪水嘛。

墨——墨是松烟灰或煤烟灰等制成的黑色块状物，状如黑土块。黑土为墨，客观描述，直观明确。

艳——红绿蓝紫青，丰富的色彩，鲜明美丽，鲜艳好看，令人羡慕。艳字直观地传递出好看、羡慕之意。

明——日月齐辉，永无黑夜，永远光明。

泉——清白的水即泉水，相当直观明确。

烟——起因于火，因火成烟。诠释结构实在直观明确。

柴——此木为柴，直截了当，客观真实。

饭——饭是人的主食，意符"食"切中要害。"反"则有多种解析：

反复咀嚼的反；反复咀嚼时还可进行思维——反思，反思的反；饥饿缺饭时，情绪会反常反感，反常反感的反。

菜——以蔬菜为主的菜为草本植物，"艹"作意符最恰当。采摘采购的采作音符，同时表达出种菜者买菜者的动作，音意兼顾，十分贴切。

吃——吃离不开口，吃必然要给予口一些食物，用乞求、请求给予的"乞"作音符，音意兼顾，十分贴切，不愧为极易理解与记忆的形声字。

以下为一些一经拆字就立即明白的汉字：

甭（béng）——不用，不需要。

覅（fèng）——不用。

嫑（fiào）——不要。

嘦（jiào）——只要。

孬（nāo）——不好；坏；怯懦；没有勇气。

歪（wāi）——不正；斜；偏。

否（fǒu）——张口说不。即不同意，否定。

奀（ēn）——瘦小。

烾（xì）——赤色。

嵴（jí）——山脊。

嫸（勸）（fēn）——未曾。"勿"相当于不要，不。

耋（dié）——七八十岁的年纪，泛指老年，耄（mào）耋之年。

以下为一些稍加推理即可会意的汉字

凹（āo）——低于周围（跟"凸"相对）。这是带图形文字痕迹的形象化会意汉字。

凸（tū）——高于周围（跟"凹"相对）。与凹字配对的带图形文字痕迹的形象化会意汉字。

吠（fèi）——狗叫。犬即狗，狗张口叫即为吠。

馥（fù）——香气，许多香。复指重复，香而又香即馥。

棻（fēn）——有香气的木头。芬的含义为香气，芬木结合，即为有香气的木头——棻。

尖——末端细小；尖锐。上头小下头大，形象化表达出尖字含义。

尜（gá）——一种儿童玩具，两头尖中间大。尖字下面又是个小字，表明两头尖，中间必然大。典型的符合逻辑推理的会意汉字。

尕（gǎ）——小。乃字含义为是，就是，实在是。乃和小结合就是小的意思。尕为方言。

劣（liè）——坏；不好或低于标准的。少花力气，偷工减料的产品必然是劣质品。

夯（hāng）——夯作为名词为砸实地基用的工具或机械；又可作动词——夯地、夯土、用夯砸、夯实等，均须有大力气才行。大和力二字叠加而成的夯字，其实就是短语式的合体字。

籴（dí）——买进（粮食）。非常直观的会意字。

粜（tiào）——卖出（粮食）。与籴配对的直观式会意字。

艏（shǒu）——船的前端或前部。舟表示船，首即头。舟首即船头。直观式会意字。

艉（wěi）——船体的尾部。与艏配对的直观式会意字。

汉字趣味无穷的解析性，乃源于联想思维精炼出一大批本领超强的构字部件——偏旁，又通过巧妙智慧搭配，生成一大批凝聚天地人精华，传递中华民族文化精髓的举世无双的智能文字。

二维智慧文字——汉字，在文字信息符号大道上遥遥领先于任何一维拼音文字，应归功于其四种设计思维聪明无比，就像二维码遥遥领先于一维条形码，应归功于其技术先进无比一样。

第二章　魅力汉字

第一节　汉字数字魅力光芒四射

一、理想数字系统与最完善的数字体系

1. 理想数字系统

在文字世界，如果说有什么举世公认的符号系统可称之为炉火纯青、登峰造极的话，那必然是阿拉伯数字和标点符号这两个十分简洁又极其实用的符号系统。

阿拉伯数字系统，尽管只包含 0，1，2…9 这 10 个数字，却是人们日常生活、学习和各种科学计算及统计等人类文明活动中不可或缺的数字系统，因而，被各国各语种所接受，成为各语种数字家庭成员之一，国际通用。阿拉伯数字不愧为全人类均可接受的理想数字系统，国际通用，势在必行，理所当然。

阿拉伯数字成为跨越所有语言障碍的符号文字，正是基于其符号形体明确表意，却并无国际通用的统一读音，迅速流传全世界，成为人类理想数字系统。

2. 数字系统与数字体系

如果说，文字应为意音兼备的书面语言符号的话，作为全球

共享但在全球范围内却并未赋予全球统一的唯一读音的阿拉伯数字，其实仅仅是全球认可、全球通用的表示数目的符号，而并非表示数目的文字而已。

换言之，阿拉伯数字的确能最大限度地发挥数学上的各种功能，甚至包括表达日常生活中的各种实指数目，如表达年、月、日之类的日期实指功能，却因并不参与或极少参与各语种构词（包括取代字母构词和取代汉字构词），难以实现文学意义上的虚指功能和夸张功能。例如，并非仅指或实指 1 亿人民的"亿万人民"一词，绝对不可写成"10000 0000 或 10^8 人民"。

因此，仅仅有理想数字系统——阿拉伯数字系统，在现实生活中还颇感欠缺，远远满足不了量化文学表述需要。对于现实生活中的量化表述，绝对不可局限于实打实的实指量化表述，一定要有诸如一呼百应、一五一十、一丝一毫、千方百计、千辛万苦、千军万马之类的虚指夸张的量化表述。

这就是说，一定要有相辅相成的文字意义（含文学意义）上的数字系统，配合数学意义上的理想数字系统，才能共同构成完善的数字体系，满足人们生活中方方面面的需要。

这些需要，主要指基数词、序数词以及分数、小数、数学式、时间日期、号码、货币、度量衡等凡是涉及数字的方方面面的写法、名称、读音，均可称之为文字意义上的数字系统。当然，最典型的是指基数词、序数词和时间日期等的写法、名称读音。进一步还应包括文学意义上量化表述词语，主要是量化表述成语。

阿拉伯数字表意明确，规律性强，形体简洁。因而，可从规律性、简洁性两方面来考察各语种的文字数字体系与阿拉伯数字配合是否和谐，阿拉伯数字在该语种中的智慧应用程度如何。

英文在拼音文字中的典型性和代表性毋庸置疑，但其数字体系的规律性和简洁性颇遭诟病。例如，基数词 11、12 的读法

eleven、twelve 与 1、2 的读法 one、two 之间毫无关联，十进制名称规律受到破坏。在 5 个万级数量中，只有百万（million）这一个单位词，1 万、10 万须分别以 10 千、100 千表示之；千万、万万（亿）须分别以 10 百万、100 百万表示之。而且，在十亿以上的大数中，英、美有不同的读法。同一个 billion，英国视为万亿，美国视为十亿，二者相差千倍。美国的万亿为 trillion。英国的十亿为一百万的千倍（one thousand million）。

英文的数字体系的简洁性更遭诟病。因缺少 4 个万级单位词和十亿以上的大数英美有不同读法显然带来诸多不便。而且，从 101 到 199 的读法中，光是连词 and 就要重复 99 次。直至 999 都要连词 and。如，751 的读法为 seven hundred and fifty-one。英文数字体系有简洁性可言吗？

3. 完善的汉字数字体系

仅仅是三位数数目（如前述 751），英文却要用含连词的短语才能将其读出。在英语使用者眼里，百位数与低位数之间并无某种亲和力（顺序力），非得添加作为"黏结剂"的连词 and 不可。同样，十位数与个位数之间也须添加短横"隔离"才行。否则，三位数之间过于"亲密无间"，讲者若依次读出，听者或许不知所云或难以理解。大概应该如此诠释 and 和短横之作用吧。

而汉语三位数数目，一扫所有"辅助件"，仅需三五个音节就可准确无误地将其读出。如前述 751，汉语说"七五一"三个音节或"七百五十一"五个音节均可让听者听懂。汉字惜墨如金，无须任何多余的"辅助件"。

汉字不仅具备与阿拉伯数字 0，1，2…9 几乎等同或等效的数字系统〇、一、二、三、四、五、六、七、八、九、十共计 11 个汉字。而且，还有一套与其完全等值的大写数字系统：零、壹、贰、叁、肆、伍、陆、柒、捌、玖、拾，同样共计 11 个汉字。显然，字形简单笔画较少的前者称为小写数字系统。

加之全球共享的阿拉伯数字系统 0，1，2…9，中文里其实共有 3 套各有千秋各有用武之地的数字系统。

数学领域、号码编码、账单货币等使用阿拉伯数字系统。财务账单同时还使用汉字大写数字系统标注总金额，以防备被人篡改或涂改总款数目。汉字大写数字系统，犹如文字领域里的铁甲数字部队，令任何不轨之徒望字生畏，无法下手篡改谋利，为确保数据的安全性神圣不可侵犯，立下不可磨灭的功劳。这是任何其他数字系统无法企及的高难度特征，当然亦是不朽汉字的伟大之处之一。

汉字小写数字系统因广泛参与汉字组词，在文学领域广阔天地充分发挥能调动作者和读者双方想象力的夸张量化描述或虚指功能。

汉字 3 套数学系统相辅相成，在不同或相同领域发挥各自特长皆作出各有特色的不朽贡献。

数字系统贵在规律性和简洁性两大特征，阿拉伯数字完全具备两大特征而被誉为理想数字系统。其规律性体现在数量级的递增就是幂指数的连续递增——10^1、10^2、10^3、10^4、10^5、10^6、10^7、10^8、10^9、10^{10}、10^{11}、10^{12}……

汉字的数字系统同样具有形体的简洁性和数值极强的规律性。如上述从 10 开始的 12 个数量级的单位词汇依次如下：十、百、千、万、十万、百万、千万、亿（万万）、十亿、百亿、千亿、万亿。一百万也叫兆（10^6）。

其中，十、百、千、万、亿分别对应数值 10^1、10^2、10^3、10^4、10^8。以十、百、千、万为一个循环，可连续反复应用，10 进制递增规律极强，表达又相当简洁。英文因缺少万、亿两个单位词汇，无法实现十、百、千、万这样一个可连续反复应用的循环而显得啰唆、规律性不强，且十亿以上的大数，英美文字读法的差异竟达千倍（指 billion 一词）。

因此，汉字数字系统在规律性和简洁性方面完全达到理想境界。

如果说，规律性和简洁性是文字数字系统的必要条件的话，那么，读音及量化文学描述和应用，则是文字数字系统的充分条件。必要条件理想，充分条件汉字数字系统更理想（见后文）。因此，汉字数字系统十分完善，无与伦比。

二、汉字数字读音堪称全球楷模

对数字而言，规律性和简洁性不仅适用于数值和符号形体两方面，同样适用于读音。汉字数字读音的简洁性表现在：数值十之内，一位数字对应一个音节，相当简单。十以上，加上相应递增单位词汇甚至连读数字即可，毫无与数目无关突显多余的连词之类。因语序是汉语的主要语法，顺序位决定数值大小，毫无必要靠连词连接，简洁得很。如 6 位阿拉伯数字 225000，汉语可读写成二十二万五千或二十二点五万或索性读写成二二五〇〇〇〇。均为 6 个音节，均可让人听懂。阿拉伯数字和汉字小写数字具有完全等同的读音。

若该数目写成 225×10^3，汉语可读写成二二五乘十的三次方或二十二点五万均可。

汉字数字读音的规律性表现在：数值或单位均从大到小依次排列，与阿拉伯数字完全对应，规律性极强。当数值单位不连续时，可加"零"隔离表达。无论隔离多少位，只加一个零字即可。如

220500 可读写成二十二万零五百

220050 可读写成二十二万零五十

220005 可读写成二十二万零五

阿拉伯数字和汉字小写数字不仅具有完全等同的读音，形体也十分神似，尤其是二者的前 4 位数（0，1，2，3 和〇，一，二，

三）简直就像双胞胎。二者应用场合各有所长（阿拉伯数字在数学领域、度量衡、号码和货币等诸方面见长；汉字数字则在文学领域、生活领域和财务货币等诸方面见长），应用特点各有千秋，但均在各自应用领域内发挥着难以相互替代的巨大作用。

当认可阿拉伯数字是理想数字系统后，难道不应该认可汉字数字同样是理想数字系统吗？

汉字数字读音给人类各语种数字读音一个极大的启迪是：数字，其实读什么音并不重要，最重要的是，数字与音节如果能像汉语那样一一对应——一个数字只对应一个音节，而像年份那样需要连读的数字，几位数字就只对应几个音节。并且，具备同样是单音节的十、百、千、万、亿五个十进制单位词的话，那么，英语那一套数字读音的繁琐哲学将显得苍白无力累赘多余，且十亿以上的大数也不至于产生英美歧义。这，难道不是一个关于数字读音方面的放之四海而皆准的朴素真理吗？

这个朴素真理——数字读音的单音节化乃是贯彻语言交际经济性原则的典范。

与阿拉伯数字神似的汉字小写数字，配上阿拉伯数字，加上具备防篡改高贵品质的汉字大写数字以及极其科学的十、百、千、万、亿五个单位词，共同组建成堪称全球楷模的文字世界单音化的汉字数字体系。

这是引以为自豪的中华民族最高智慧的生动体现之一。

必须强调的是，作为全球共享的阿拉伯数字系统，汉语赋予其全球最明确简约且规律规范的单音节化读音，使理想的阿拉伯数字锦上添花，更上一层楼，从数字符号档次上升到数字文字档次。这同样是中华民族的伟大智慧与骄傲之所在。

还需指出的是，含阿拉伯数字在内的汉字数字体系内竟有三个读音相同，但符号形体和表意不尽相同的"0""○""零"。

阿拉伯数字 0 与汉字小写数字〇十分相似，但有胖瘦之分，前者消瘦，呈竖椭圆形；后者滚圆胖乎乎。而汉字大写数字零则为雨和令构成的标准形声字。此乃符号形体的不尽相同。

在表意上，三者均表示没有数量，数目为 0 或表示数的空位。阿拉伯数字 0 与汉字小写数字〇几乎完全等同等效，甚至可替代使用。如 2000 年 5 月也可写成二〇〇〇年五月。仅仅是竖排时写汉字小写数字协调些。

汉字大写数字零的表意更宽泛些，《现代汉语词典》修订本（2000 年版本）第 805 页对"零"的释义项达 9 项之多。这里仅强调，除同样可表示没有数量和空位之外，还可表示稍许有些数目，即可表示相对于某个标准数目或整数小若干数量级的小数目，并称之为零头或零数。如一万零五百或一万零五。相对一万这个大数而言，小几个数量级的小数目五百或五，称为零头或零数。零字在此处其实还起充当数的空位或隔离大小两个数目的作用，比英语 and 作用更强烈更形象，且同属数词序列，而非连词。

三、经典名句和成语中的汉字数字出神入化

如果说阿拉伯数字是数学世界的天才符号的话，那么，汉字数字则是文学世界的天才符号。

作为量化表意的中文词语中的数字，通常有异于阿拉伯数字，往往并非实指，而系泛量化夸张虚指，给人以虚虚实实亦幻亦真般无穷遐想的数量感。远远胜于定性描述的汉字数字，常起画龙点睛作用，可收出神入化之效。

天才般的汉字数字，的确让中文词语之形容能力登峰造极，无与伦比。尤其是经典名句中出神入化的量化词语威力，不仅可征服亿万读者，更令权威翻译家也深感头疼不已，极难寻找到既能与之匹敌又能不失真的忠实传神之外文词语。最典型的实例莫过于唐代诗人王之涣的《登鹳雀楼》之英文翻译。该诗仅四句——

白日依山尽，黄河入海流。欲穷千里目，更上一层楼。

前二句实写神州大地雄伟壮丽的大好河山；后二句为虚写，是在前二句烘托下诗人登楼抒怀。表层意境是，要极目远眺开阔旷远的远方，就必须更上一层楼，登高再登高。深层意境可作为追求崇高精神世界的象征。

"欲穷千里目，更上一层楼"出神入化地传达出高瞻远瞩的极度延伸感和崇高境界。毕竟英文数字体系中只有实指的阿拉伯数字，无法直译"千里目""一层楼"之类。只能意译为你想享受到或观看到雄伟壮丽景色，请登高远眺之类。"千里目""一层楼"的数字魅力荡然无存。

唐代诗仙李白的《望庐山瀑布》：

日照香炉生紫烟，

遥看瀑布挂前川。

飞流直下三千尺，

疑是银河落九天。

诗中三千尺合一千米。气势磅礴的瀑布显然并无一千米之长，但虚指的三千尺，虚虚实实，形象生动，给人以无穷遐想，任何最高级定性形容词皆难以塑造此种宏伟境界。

同样，九天是指银河系所在的极高天空，其实就是今天所指的太空。用九天形容太空，亦幻亦真，其味无穷。在某种程度上，用九天形容太空，层次感十分强烈，与天空的实际情况似乎有某种"巧合"。

实际上，地球的外围被气体所包围，包围地球的气体层叫大气层或大气圈。依其物理性质的不同，可分为对流层、平流层、中间层、热层和外层等5个层次。大气层厚度约为1000公里以上。

从无线电波传输角度看，大气层中，从50公里至1000公里处存在会反射无线电短波的电离层。正因为该层次的存在，使无线电短波能通过电离层与地球表面各种地形地物之间的反复多次反射瞬间传遍全球。当然，有几个特殊短波频率可"穿过"电离层（该频率称为"窗口"频率），从而实现地球与太空之间的无线电短波通讯联系。

从航空航天角度看，飞行器在大气层内航行，称为航空，在大气层外的太空航行叫航天。中国发射的神州九号和天宫一号的交会对接就是在太空中进行。

航空航天的航行空间——天空太空二者泾渭分明，有十分明显的层次感。

从天文角度看，地球在太阳系内，太阳系又在银河系内。银河系乃是个巨大无比的宇宙空间，其直径约为十万光年（一光年约为94600亿公里，这是光在一年内所跑过的距离。须知，光每秒要跑30万公里，故光一年要跑94600亿公里，相当于太阳到地球距离的6300多倍）。

银河系是个扁平宇宙空间，遥望像银白色带子，故称银河。其厚度最大处约为1.6万光年。太阳系外银河系中离地球最近的恒星比邻星有4.2光年之远，而织女星距地球27光年。如果将织女星所在的太阳系外的宇宙空间象征银河，并称其为"九天"的话，无疑十分形象生动。

经典名句中的汉字数字令人遐想万千，数百条经艺术搭配而成的带数字的成语（量化成语）妙趣横生，规律多多，格式多多。现在，让我们粗浅地探讨一番总规律、总格式和各种分格式。

总规律：双数字四字成语居多。

总格式1：数字1……数字2……

总格式2：……数字1……数字2

1.（1）分格式1-1：一…N…

其中，N=半、一、二、两、双、三、十、百、千、万（半、

两、双可视为"非标"数字）

实例：

①一知半解　一鳞半爪　一年半载　一时半刻

②一五一十（罕见的全数字成语）　一模一样　一心一意　一心一德　一言一行　一唱一和　一生一世　一朝一夕　一丝一毫　一针一线　一草一木　一时一刻　一长一短　一东一西　一上一下　一张一弛　一起一落　一问一答　一瘸一拐　一歪一扭　一字一板　一板一眼　一薰一莸（比喻好的和坏的有区别）　一手一足　一举一动　一砖一瓦　一呼一吸　一呼一应

非四字：一波未平，一波又起　一物降一物　一蟹不如一蟹　一朝天子一朝臣　一步一个脚印　一个萝卜一个坑

③一干二净　一清二楚　一清二白　一穷二白　一来二去　一差二错

非四字：一不做，二不休

④一刀两断　一举两得　一身两役　一搭两得

⑤一箭双雕

⑥一板三眼　一波三折　一日三秋　一隅三反

⑦一目十行　一曝十寒

⑧一了百了

⑨一发千钧　一刻千金　一落千丈　一诺千金　一日千里　一泻千里　一掷千金

非四字：一失足成千古恨

⑩一本万利

（2）分格式1-2a：半……半……

实例：半推半就　半文半白　半信半疑　半真半假

（3）分格式1-2b：半……数字……

实例：半斤八两　半夜三更

（4）分格式 1-3：两……数字……

实例：两面三刀

（5）分格式 1-4：三……数字……

实例：三长两短　三从四德　三番四复　三魂七魄　三婆两嫂　三番五次　三纲五常　三姑六婆　三皇五帝　三教九流　三令五申　三六九等　三亲六故　三三两两　三天两头　三头六臂　三心二意　三言两语　三年五载　三灾八难　三位一体　三弯九转

非四字：三天打鱼，两天晒网　三下五除二　三一三十一（罕见的全数字成语）

（6）分格式 1-5：四……数字……

实例：四通八达　四面八方　四平八稳　四分五裂　四舍五入

非四字：四体不勤，五谷不分

（7）分格式 1-6：五……数字……

实例：五光十色　五湖四海　五花八门　五讲四美　五劳七伤　五脏六腑　五颜六色　五大三粗

非四字：五十步笑百步

（8）分格式 1-7：七……数字八……

实例：七零八落　七扭八歪　七拼八凑　七上八下　七颠八倒　七手八脚　七嘴八舌　七折八扣　七老八十

（9）分格式 1-8：九……数字……

实例：九牛一毛　九死一生　九流三教

非四字：九牛二虎之力

（10）分格式 1-9：十…数字…

实例：十全十美　十室九空　十拿九稳

非四字：十目所视，十手所指　十年树木，百年树人

（11）分格式 1-10：百……数字……

实例：百发百中　百孔千疮　百无一失　百依百顺　百战百胜　百无一是

非四字：百闻不如一见　百花齐放，百家争鸣　百尺竿头，更进一步

（12）分格式 1-11：千……数字……

实例：千变万化　千疮百孔　千锤百炼　千方百计　千军万马　千钧一发　千虑一得　千篇一律　千秋万代　千山万水　千丝万缕　千头万绪　千辛万苦　千真万确　千载一时　千虑一失　千奇百怪　千秋万岁　千差万别　千姿百态

非四字：千虑之一得

（13）分格式 1-12：万……数字……

实例：万水千山　万无一失　万众一心　万紫千红

2.（1）分格式 2-1：……一……数字

实例：挂一漏万　举一反三　杀一儆百　惩一警百　惩一戒百　数一数二　独一无二　闻一知十

非四字：吃一堑，长一智　道高一尺，魔高一丈

（2）分格式 2-2：……三……四

实例：不三不四　低三下四　朝三暮四　说三道四

（3）分格式 2-3：……三……五

实例：隔三差五

（4）分格式 2-4：……二……三

实例：接二连三

（5）分格式 2-5：……七……八

实例：横七竖八　杂七杂八

（6）分格式 2-6：……十……九

实例：举十知九

第二节　高附加值谐音字

字词的音相同或相近，称为谐音。谐音时而幽默风趣，时而讽刺性极强。应用得法，事半功倍，效果极强，此乃汉字应用的一大特色，具有极高的附加值效应。

1. 与阿拉伯数字结缘，风格典雅

在第四届中国少年儿童慈善活动日中，为了使捐款人更易记住和发出捐款短信，仅仅发 8858 这 4 位手机公益短信就行。8858 的谐音为"帮帮吾（我）吧"。发 4 位数字的手机公益短信，就能充分表达出把爱心奉献给孩子的心意。这是汉字与数字和谐相处的典范，具有高附加值的谐音典范。

8858 不失为幽默风趣又事半功倍的慈善义举信息。数字倒并非捐款数目，而是奉献爱心的心声。对拼音文字语言而言，显然难以如此这般言简意赅地表达奉献爱心的心声。汉字与阿拉伯数字结缘，明确简约，风格典雅。

2. 讽刺性极强的谐音对联、谐音口号

（1）谐音对联——"民国万税 / 天下太贫"

1911 年 10 月，孙中山领导的辛亥革命，废除了统治中国几千年的封建帝制，人们以为从此可天下太平。于是，有人就将"皇帝万岁"改为"民国万岁"。实际上，辛亥革命后的军阀混战时期，官僚横行，政治黑暗，苛捐杂税多如牛毛，民不聊生。清末文人刘师亮，利用谐音（岁 suì 与税 shuì，平 píng 与贫 pín），将有人高唱的颂语对联"民国万岁/天下太平"，改成了绝妙的讽刺对联：

民国万税/天下太贫

上下联末字更改，一针见血切中时弊。

（2）谐音口号："打倒蒋该死，解放全中国！"

在新中国诞生前的三年解放战争时期，有句口号响彻整个战场，激励着中国人民解放军广大指战员浴血奋战，英勇杀敌：

"打倒蒋介石，解放全中国！"

喊口号时，"蒋介石"几乎均被喊成"蒋该死"，变成谐音口号："打倒蒋该死，解放全中国！"蒋介石被念成蒋该死，在当时，这是从最高统帅部到每一个战士，对人民公敌蒋介石的蔑称嘲讽，发自内心的正义呼声。介 jiè 和该 gāi，石 shí 和死 sǐ，恰好是读音相近的谐音，某些方言更相近。谐音讽刺用于反动人物反面人物效果倍增，但绝对不可用于同事同学朋友之间，否则会产生副作用，带来不必要的麻烦。

3. 模仿窜改式应用

以形表义的汉字因总音节数才 1300 个左右，只及英语万余音节的十分之一左右，因而同一音节有数十个汉字也就不足为奇了。因字形和意符的区征更明显更清晰可辨，如治癌与致癌的治、致二字虽同音（zhì），但绝对不可能混淆。此种不可能混淆性对谐音而言，往往可收到强烈反差的倍增效果。模仿窜改式谐音应用正是利用此种不可能混淆性，置换某个关键字，可收到高附加值的倍增效果。此类应用甚多，现举几例以明之。

例 1. "三任厅长，前腐后继"

人们一看此标题立即明白：三个腐败厅长，相继倒台。

前赴后继乃褒义成语，形容踊跃前进，连续不断，个个都是为革命事业英勇奋斗。该标题中将奔赴的赴（fù）窜改为腐败的腐（fǔ）后，褒义立即变为贬义，奋斗变为腐败，反差如此强烈，给人以深刻印象。窜改恰到好处，形象生动。

例2. 防患于未"燃"

在祸患未发生之前，预先防备，是成语"防患未然"的意思。

若将祸患具体化为火灾，并添加介词"于"强调在未发生之前，则是防患于未"燃"的确切含意。"然""燃"同音，宽泛变具体，防备要务更明确，更改得法效果倍增。

例3.《科学饮食，随"季"应变》

将成语"随机应变"中的"机"（jī）改为"季"（jì），同样是将含意宽泛的时机，具体化为季节，一语道破科学饮食的秘诀之一是，饮食应随季节的变化而变化。

作为科普文章的标题，更改成语一字，便点出主题。

例4. "食"全"食"美——某食品店的广告语

成语十全十美改动一字（"十""食"同音）便成为食品店的广告语——食全食美。既突出该店食品品种齐全，更突出食品之完美——色香味俱佳，令人心动变行动。

由成语演变而来的广告语，言简意赅，乃谐音应用的典范之一。

例5. 趁早下"斑"，请勿"痘"留——香港一家化妆品公司的广告语

雀斑和青春痘是常见的皮肤病，可用化妆品消斑去痘。将消斑去痘形象化地说成下"斑"（下班的谐音）勿"痘"留（勿逗留的谐音），既通俗易懂，又易记易理解。

例6. 再罗列几句谐音应用例，原字在句末括号内

①"剪"多识广，"报"罗万象——中国剪报广告语（见，包）

②"葱"满生活空间（充）

③无"疣"无虑——三妙脱疣膏广告语（忧）

④桃色"腥"闻（新）

⑤"舟"游世界（周）

⑥大"惠"战（会）

4.双关式应用

例1.世乒赛吉祥物的名字——迎迎

2005年上海世乒赛的吉祥物取名"迎迎"，寓意深刻。上海市乒协主席陈一平解释说："一方面，中国人民欢迎各方宾客，而'迎迎'的谐音，又象征祝愿大家'赢'得友谊，'赢'得胜利。"

迎迎——欢迎欢迎，热烈欢迎，欢迎五湖四海八方宾客！

赢赢——赢得友谊，赢得胜利。祝愿大家友谊奖牌双丰收！

例2.××养生酒，喝到九十九

喝（hē）活（huó）二字存在谐音关系，优秀的广告语便将手段（喝）和目的（活）两个概念巧妙地统一在一个"喝"字上。更何况只有活着才能喝，且喝也是种生活享受，享受生活。该广告语的另一妙处在于酒、九同音（jiǔ），双重谐音，别有韵味，并突显喝养生酒，可达长寿之目的。

例3.豪享来（连锁餐馆名）

"豪享"（háo xiǎng）既是"好想"（hǎo xiǎng）的谐音，也是豪华享受的简称；既表达出该餐馆风味独特，有诱人之处，以至于食客们很想来——好想来，更进一步表达出来此必有豪华享受，不愧是一语双关的谐音应用之杰作。

例4.亿碗客（餐馆名）

显然，碗（wǎn）万（wàn）谐音，碗寓意万，祈求生意兴隆，有亿万客人（当然指许多客人）来店用餐。碗又突显该店属餐厅之类。"碗"乃谐音双关应用之典范。

例5.湘巴佬土菜馆（餐馆名）

湘、乡同音（xiāng），"湘"既指湘菜，又突显原生态乡巴佬之意。该餐馆名既可理解为窜改式谐音应用，也可认为是谐音双关应用。

例6.芒种即忙种（农事节气）

芒种指每年6月5、6或7日的农事节气，是大麦、小麦等有芒作物种子成熟抢收季节。此时也正值晚谷、黍等夏粮作物抢种季节，芒种即忙种。芒、忙同音（máng）一音双关，汉字真奇妙。

5.烘托式应用

例1.来也匆匆，去也冲冲

不少方便之处都有这样八个字：来也匆匆，去也冲冲。要求匆匆来者方便之后，别忘了举手之劳——放水冲洗便具。

匆（cōng）冲（chōng）谐音，用匆匆来烘托冲冲，既强调冲冲的必要性，又朗朗上口，过目不忘，可收到事半功倍之效。

例2.负翁

工资收入的相当一部分用于购房还款（月供）者被戏称为"房奴"。奴字可能难听些，幽默的汉语在自嘲思维支配下，又"赐"负债累累的"房奴"另一个绰号：负翁。

负债的负与负数的负乃同一字，在数学上若对负翁的债款和富翁的财富款取绝对值，似乎有某种虚拟的镜像近似对称：

$$|负翁| \approx |富翁|$$

无论如何，相对"房奴"而言，"负翁"可能"高雅"些，此乃汉字谐音烘托式应用给"房奴"一个自嘲"雅号"，突显汉字谐音的幽默感（用富翁烘托负翁）。

6.谐音应用的三大效应

作为形音义三者高度统一的汉字，其读音并非拼出来，而是精心设计出来，并在字典词典中加以注明的。正因为精心设计，故允许诸多形体各异的汉字具有相同读音，为汉字谐音应用奠定了扎实基础。

谐音应用优点甚多，至少有三大效应：

其一，事半功倍的谐音效应

有些概念，如果一时难以深入人心，采用耳熟能详的成语，通过置换某个关键字，或许能将两个不同的概念甚至形成强烈反差的概念"联系"在一起，如此可加强对被"植入"的谐音概念的深入领悟，从而收到事半功倍的效果，这就是事半功倍的谐音效应。

前述的很多例子足以阐明该结论。这里再补充两个例子。①讲理之前先讲"礼"，彬彬有礼地跟人评理，礼在先，或许可将难以理喻变成可以理喻，或许有助于提高人们的精神素质。②生活可讲究（jiǎng jiū），生活也可将就（jiāng jiù）。这个弹性极大的观点（生活观）或许可平衡某些人的心态。

其二，直奔主题的捷径效应

长话短说，言简意赅，抄近路达到目的，是谐音应用的又一大特色，此特色可称为直奔主题的捷径效应。防患于未"燃"如此，豪享来、亿碗客、湘巴佬土菜馆等皆如此。下面再补充数例：

①酒驾执"刑"半月，查处酒驾数大降。

酒驾执"刑"半月，实际上是酒驾刑法执行半月的缩写，利用"刑""行"同音（xíng）的谐音关系，虽仅省二字，但直奔并突出了酒驾要获刑的主题。

②明星食疗，享"瘦"窈窕

这同样是直奔明星通过食疗达到减肥消瘦，从而达到身材窈窕的主题。享"瘦"显然应为享受，"瘦""受"同音（shòu），而此种"享受"乃通过食疗使身材消瘦实现的。因而，用"瘦"置换"受"，省去过程的描述而言简意赅。

③领鲜物流

改革开放后，词汇术语也与时俱进，原先的货运一词变为物流。领鲜物流显然指具有领先科技水平的冰鲜食品货运。"鲜"

和"先"同音（xiān），"鲜"置换"先"后，不仅保持了科技领先的先，又突显了冰鲜食品的鲜，谐音应用，一语双关，企业名称与其特色尽在"领鲜"二字。此种直奔主题的捷径效应，再一次雄辩地显示汉字具有"人一能之，己百之；人十能之，己千之"之优秀品质。

④卫百辛物业

卫百辛物业乃不辞辛劳保卫百姓安居乐业的物业公司之简称，是直奔主题的企业名称谐音应用的典范之一。

卫，不仅仅指保安保卫的"卫"，更指为百姓服务的"为"。卫、为基本同音（wèi）。

"辛"字同样双关，是将辛劳的"辛（xīn）"与百姓的"姓（xìng）"统一在辛字上，更突出为百姓服务要不辞辛劳。这是服务特色完全融于服务型企业名称中的典范。对拼音文字而言，服务特色通过谐音完全融于服务型企业名称中的做法较难实现，除非借助于寓意手段用某一实物或事物作企业名称，但此乃单一寓意，多重寓意绝难实现。卫百辛中的卫、辛二字皆含意双关，拼音文字绝难实现。

汉字的能耐优于拼音文字的实例实在太多太多。

其三，谐音应用于音译，风趣幽默

汉字的三大特点决定了音译的风趣幽默：形音义兼于一身；具有搭配升华优点；同音字甚多，决定了音译字选项甚多，具有非唯一性。

当然，非唯一性可能容易导致译名的混乱。为此，出版界通常有约定俗成的规范音译字，尤其对国家领导人、知名人士更应规范。如前苏联领导人斯大林早期被译为史达林，后来规范为斯大林。在规范音译字情况下可实现译名的唯一性。

与拼音文字不同，尽管有规范音译字，但中文翻译依然有创造性，汉字的几大优点造就了一大批优秀译作，尤其以可口可乐、百事可乐等译名及"生命诚可贵，爱情价更高，若为自由故，二者皆可抛"等优秀译作大有"青出于蓝而胜于蓝"之特色。

前文已述，全球最大的社交网站 Face book，中文名为脸谱，此乃为意译名，搞笑者则将其音译为"非死不可"。尽管搞笑，却颇为流行，该搞笑名确实较易记住原文。当然，正式场合不宜提倡搞笑音译。

对于上班族工作压力巨大，负担压力巨大的现状，有人戏称为压力山大。其实，这是俄文人名亚历山大的搞笑版。外国人名被用来释放精神压力，平衡心态，也是汉字谐音幽默风趣的表现之一。

应该强调，对于谐音，切不可胡乱地或过度地使用，应恰到好处，适可而止，滥用必成灾。

第三节 汉字名字的多重效应与艺术效应

1. 汉字名字的多重效应

人名，虽然仅仅是个被人呼叫的符号，但却寄托着某种愿望与追求，尤其贤哲们追求高尚，往往不满足父辈给自己取的名字，成熟后往往会给自己另取出类拔萃的雅号，为自己增添某种活力与高雅气质。

现代哲学家艾思奇就是这样一个人，原名李生萱确实难以表达与其追求的理想相匹配的风范与气质，改为艾思奇后，魅力四射，包含三层意思：

其一，"艾""爱"同音（ɑi），既表示喜欢，又含美好之意；思，显然是思考、思索之意；奇，指特殊之意。因而，艾思奇的第一层意思就是，喜欢独特地思索、思考特殊的问题，充分体现出哲学家的风范，忠于职守的典范。

其二，思奇可与两位伟人——马克思、列宁有千丝万缕的联系：思关联着马克思的思；列宁的全名为弗拉基米尔·伊里奇·列宁，故奇关联着伊里奇·列宁；而"艾"寓意爱。因而，艾思奇无疑可诠释为爱马列，做一个马克思列宁主义哲学家。此乃第二层意思。

其三，据说，老艾不惧怕寒冷，冬天穿衣甚少，从而得雅号"爱斯基摩人"。艾思奇恰好是"爱斯基"的谐音，于是，又增添隐含雅号的第三层意思。

当然，其本意和最主要意思乃第一层含义。（据有关资料改写）

魅力四射的艾思奇一名，竟然闪烁着汉字名字的多重效应，为任何拼音文字名字所望尘莫及。

中国人民的伟大领袖毛泽东主席的名字，更是表达出对革命理想的伟大追求：泽含润泽、光泽、色泽、恩泽等多重含义，东乃指东方，即中国。名字深含光泽东方，为中国人民谋幸福的伟大革命理想。因此，郭老颂伟人毛泽东的嵌名联为：泽色绘成新世界／东风吹复旧山河。深刻揭示出名字的伟大含义在于：推翻旧政权，建立新中国，泽色绘成新世界。

2. 小说人名谐音串联的艺术效应

汉字如此奇妙，原本各自独立并不相干的电影名或艺术家人名串联在一起时，竟可汇聚成顺理成章且妙不可言的对联（参见后文）。其间却并无任何"额外"的语法词汇进行牵线搭桥，充分显示出汉字独有的化无序分散为统一整体的神奇，化无缘为有缘的神奇，化零星火花为耀眼火焰的神奇，这对拼音文字而言，绝对是不可思议之事。

对联可如此创作，虚构的小说各种角色的人名串联起来的谐音（简称联谐）表达某种隐藏的创作意图，从而产生某种艺术效应，更是作家们追求的弦外之音的附加效应。利用众多角色联谐产生系列弦外之音，产生系列附加效应的最佳经典文学作品当数曹雪芹的不朽名著《红楼梦》。

据李淮成著文"人名趣谈"分析（见《淮海晚报》2001.4.21），《红楼梦》人名联谐紧密配合故事情节发展，通过联谐的弦外之音，展示某些暗示或揭示。如：

弦外之音 1："假正经"——荣宁二府中的头面人物贾政、贾敬联谐仅须去掉后者姓氏即可。

弦外之音 2："琴棋书画"——四春姐妹的婢女抱琴、司棋、侍书、入画之尾字直接串联即可。琴棋书画乃那个时代才艺素质的体现，非等闲之辈的体现。

弦外之音 3："半个钦差"——薛家四兄妹薛蟠、薛蝌、宝琴、宝钗尾字联谐。揭示出作为皇商的薛家权势犹如半个钦差大臣之大。

弦外之音 4："诸钗情缠宝玉"——宝珠、宝钗、宝琴、宝蟾、宝玉前 4 位中的尾字联谐加上宝玉而成。诸钗对待宝玉的态度乃《红楼梦》中的主要情节之一。联谐为故事情节的展开进行铺垫。

弦外之音 5："假连宗"——贾琏、贾琮二者去掉后者姓氏的联谐。揭示出贾琮系姨娘所生的假连宗性质。

弦外之音 6："原应叹惜"——贾府四个小姐元春、迎春、探春、惜春的首字联谐而成。暗示与叹息（惜）她们的不幸结局。

弦外之音 7：李淮成指出，贾府末二代取名玉，最末一代取名草表明：贾府玉字辈有金玉其外，败絮其中之意。最末一代草字辈更是犹如路边草芥的平民百姓。揭示出贾府衰亡的必然性。

文学作品人名的谐音对拼音文字而言，或许也可寄托某种含意。但充其量只能是单一寄托，绝对难以联谐寄托。毕竟以音表意的拼音文字，一旦联谐"谐振"起来，将令人不知所云。

汉字人名联谐可表达某种隐藏的创作意图，产生某种艺术效应。文艺作品中虚构的人名谐音，往往具有极高的附加值。如描写一群铁道兵复员退伍后在地方上的升迁奋斗或蜕化堕落历程的 33 集电视连续剧《国门英雄》中的头号反面人物、多宗走私和杀人大案的幕后主谋张怀兵的名字中就隐藏着编剧者的创作意图。张怀兵十分擅长用耀眼光环来掩饰内心的丑恶。名字中的"怀"其实就是"坏"的谐音，大量正面形象后才戳穿其走私杀人大案幕后主谋的庐山真面目。

第四节　汉字升值魅力

久远的时间能助推有珍藏价值的各种稀罕珍宝（名画字帖、钱币邮票、宝石翡翠、金属陶瓷古玩瓶罐等）急剧升值，此乃物以稀为贵原则使然。

流动的江河之水汇聚在水电站水库（如长江三峡水库）深至数十米乃至百米以上（如175米）则可累积起巨大势能，在水流下泄时可驱动水轮发电机发出巨大清洁电能造福于人类。

由此可知，水电站水库之水通过深度储积可累积起强大势能（位能）而升值巨大。此乃能量可相互转换的自然界规律使然。

由此可见，升值之物，乃为有珍藏价值的稀罕之物，及能累积或吸收能量并能在自然界规律驱动下强力做功的流体之物等等。

文字世界的汉字，相对于拼音文字而言，无疑是稀罕之物。而在漫漫历史长河中，汉字能如饥似渴地吸收时代高科技知识能量充实自己，从而大幅度升值，从而与时俱进，永葆青春活力。这正是人类唯一存活下来的最古老文字长寿奥秘之所在。

简言之，人类唯一的古老文字——汉字长寿的奥秘就是，汉字能升值，汉字能搭配升华，与时俱进，永葆青春。这正是任何拼音文字望尘莫及的"特异功能"。

最典型例子莫过于"网"字，其次是电、激、频、路等字。

发明"网"字时，其原始概念仅仅为表达具有纵横交错概念的捕鱼网、捕鸟网、蜘蛛网之类的网状物。随着一日千里的科技腾飞和社会进步，"网"字已深深融入文明社会的高科技行列。"网"字升值巨大，释义迅速扩张：

"网"的实体范围由有限的一目了然迅速扩张至纵横千里万里之遥，乃至团团笼罩地球，互联网（因特网）、通讯网、海空交通网是也。铁路网、高速公路网则铺满国土，仅有线电视网"网"住城市。

网的概念已从有形网扩充到充满形形色色信号（电磁波、光波）的无形空间——"网"的概念趋于无穷大空间及虚拟世界。虚拟世界的"网"就像一个无比巨大的虚拟图书馆，虚拟市场甚至虚拟战场（虚拟世界内其实充满有线信号和无线信号，后者指具有能量、动量和质量的电磁场产生的信号）。

上网一词概念堪比上学，而上网能从事之事则远远超过上学范畴。

网字组词能力甚强，基本上可区分为升值前后两大类。升值前显然指涉网的普通词汇——网球、网球迷、网罗、天罗地网、网拍、网眼、网兜、网篮、网纲、网巾、网膜、网点等。

升值后则为与高科技有关的涉网系统工程（如广播网、电视网、信息网、交通网、航空网、高速公路或铁路网、高压电网等）及涉网络系统新词汇，如互联网（因特网）、上网、网络、网迷（非网球迷）、网瘾、网友、网民、网虫、网售、网购、网聊、网吧、网站等。

网字升值之巨大，令人惊讶。

尽管，net 为英语网之意，但网络、网状系统、广播网、电视网、信息网乃至关系网等皆为 network（work 为劳动、工作、使用、办公、发生、产生等之意），衍生词汇未免过于单调、宽泛。

尽管，Internet 为互联网（因特网），但网迷、网球迷则为 tennis buff。由此可见，英语 net（网）的衍生词汇绝对无法与汉语比拟，其升值空间极为有限。而汉字网升值巨大，衍生词汇能力大，二者不可同日而语。

因此，就汉字吸收时代高科技知识能量而升值的空间而言，汉字相对于拼音文字，再一次显示出"人一能之，己百之；人十能之，己千之"之优秀品质。

至于电字，无线电、电脑、电波、电磁波、电场、电能等等，皆为电字吸收时代高科技知识能量而升值衍生出的与时俱进词汇。尤其电脑一词，比任何文字表达电子计算机概念都形象生动，且入木三分。

laser，旧音译为莱塞或镭射。既难以为普通人知晓甚含意，更易令人误会为什么放射性物质。其实，此乃为能量高度集中的单向性极强的光。意译为激光后，不仅含意明确，更击中激光产生机理。激光是某些物质原子受光或电的激发，至高能级，并从高能级跃迁回低能级时产生的光，即受激产生的光，简称激光。意译名简直是该光产生原理的缩略语。激字吸收高科技知识能量升值不小，很值得一提。

再看升值不少的"频"字。频者，屡次、连续重复也。如此明确且释义并不复杂的"频"字，在吸收时代高科技知识能量升值后，与无线电通讯、电视等技术结缘，衍生出至少一百多个涉频专业词汇。对生活在电子时代的普通民众而言，了解其中 4 个涉频专业词汇，或许可长点见识。

其一，频道。电视节目信号占有一定宽度的频带，频带的中心频率常用编号表示。故频道可通俗化为电视节目内容的编号（门牌号码）。选择电视节目内容就是通过选择频道来实现。

其二，视频、音频。前者指图像信号的频率范围；后者指伴音信号的频率范围，也是人耳能够听见的频率范围。

在智能手机盛行的当代，视频又被认为是某些被拍摄记录下的活动图像信号内容的简称，故有俗称"看视频"一说。

其三，调频。无线电技术中的调频，指运载信号的载波振幅不变，而其频率随传递信号（即调制信号）变化规律而变化。故该载波频率（频带中心频率）代表了节目信号。对听广播者而言，调频数字（如94.7兆赫）代表节目台号码。调频用FM（frequency modulation）表示。选择调频数字，就是选择广播节目电台。

再看"路"字，这是极其普通的汉字，吸收时代能量升值后，在政治领域和通信领域都发挥出杰出的表达能力。

前者如路线。指思想、政治和工作上应遵循的根本途径或基本准则。如，工作中应坚持走群众路线。升值后的路与线搭配，被形象化、抽象化了。

后者如路由器。因网络类型众多，其连接与智能选择乃至隔离的连接控制设备被称为路由器。路由器是最优化选择数据传输途径理由（路由）的仪器，实际上它是一台专用计算机。

汉字升值实际上是前述搭配升华的先决条件。只有汉字能升值，搭配才能升华，数千年前发明的汉字只有通过升值和搭配升华，才能与时俱进，才能适应新时代大量新概念新事物表达的需要。

升值令汉字永垂不朽，万寿无疆！

第五节　汉字的艺术搭配魅力

汉字的搭配升华大有学问，除前文所述外，有必要进一步进行补充。

一、反义搭配出新义

哲学上有个著名的规律——对立统一规律，它是唯物辩证法的根本规律。该规律揭示出一切事物都是对立的统一，都包含着矛盾。树立了这个概念，便不难领悟汉字中反义字搭配出的某些词语的深邃含义：

1. 东西

两个指示相反方向的字结合在一起，竟然搭配出既可泛指各种具体或抽象的事物，又可特指人或动物的常用词汇。特指人或动物时往往包含厌恶或喜爱的感情。

2. 左右

本　义：①左右两方面或各方面。

　　　　②在数目字后面表示概数，同"上下"。

延伸义：①指身边跟随的人。

　　　　②支配；操纵。

3. 上下

本　义：①从上到下。

　　　　②在数目字后面表示概数，同"左右"。

延伸义：①指在职位、辈分上较高的人和较低的人。

②（程度）高低；好坏；优劣。

4. 大小

本　义：①指大小的程度。

②大的和小的。

延伸义：①辈分的高低；大人小孩。

②或大或小，表示还能算得上（如：大小是个干部）。

5. 多少

本　义：①指数量的大小。

②或多或少。

延伸义：①表示不定的数量。

②稍微。

6. 高低

本　义：高低的程度。

延伸义：①高下；好坏；优劣。

②说话或做事的深浅轻重。

③无论如何。

④〈方言〉到底；终究。

7. 深浅

本　义：深浅的程度。

延伸义：比喻分寸。

8. 厚薄

本　义：厚度。

延伸义：指重视与轻视，优待与慢待，亲近与疏远。

9. 轻重

本　义：重量的大小；用力的大小。

延伸义：①程度的深浅；事情的主次。

②（说话做事的）适当限度。

10. 快慢

本　义：指速度。

11. 冷暖

本　义：寒冷和温暖。

延伸义：泛指人的生活起居。

12. 寒热

本　义：①中医指身体发冷发烧的症状。

　　　　②〈方言〉指发烧。

13. 死活

本　义：活得下去活不下去（用于否定句）。

延伸义：无论如何。

14. 水火

延伸义：①借两相矛盾的水或火来比喻不能相容的对立物。

　　　　②"水深火热"的略语，比喻灾难。

15. 矛盾

本　义：矛和盾是古代作战用的进攻和防御的武器。后人将两者结合用来比喻言语行为自相抵触。

延伸义：泛指对立的事物相互排斥。

16. 黑白

本　义：黑色和白色。

延伸义：比喻是非、善恶。

17. 是非

本　义：事理的正确和错误。

延伸义：口舌（因说话而引起的误会或纠纷）。

18. 出入

本　义：出去和进来。

延伸义：（数目、内容等）不一致；不相符。

19. 长短

本　义：长度。

延伸义：①意外的灾祸、事故（多指生命的危险）。

　　　　②是非；好坏。

　　　　③〈方言〉表示无论如何。

20. 沉浮

延伸义：比喻起落或盛衰消长。

21. 生死

本义：生存和死亡。

延伸义：同生共死。形容情谊极深（如：生死之交）。

22. 虚实

本义：虚和实。

延伸义：泛指内部情况。

23. 早晚

本义：①早晨或晚上。

　　　　②或早或晚。

延伸义：〈方言〉指将来某个时候。

24. 阴阳

本义：我国古代哲学指宇宙中贯通物质和人事的两大对立面。

25. 开关

本义：接通和断开电路的设备。通称电门。

26. 微博（微型博客，micro blogging）

在网络世界里，利用电脑或手机，个人与外界大众（即点与面）之间进行图文信息交流的个人注册的平台，称为微博。通常需冠以网络企业名称，如腾讯微博、新浪微博等。

微博是反义搭配，微指信息量小；博指信息面广博，兼表音译（blog）。微博反义搭配，升华出在网络世界，个人与外界以电子邮件方式交流图文信息互相沟通的个人信息平台。

由此可知，任何尖端新兴的科技成果，汉字总归可以找到最恰当词汇正确表达出来。汉字与时俱进本领实在高强。

二、规范或不规范的搭配让饭店名称艳丽多彩

如果我们漫步繁华市区，看一看五花八门的饭店名称：饭店、饭馆、饭庄、饭厅、食府、餐厅、餐馆、菜馆、西菜馆、酒店、酒家、酒楼、酒馆、饮食店、点心店、鸡粥店、火锅城，等等。尽管有规模、档次、种类等方面显著或微妙的差别，但不少是雷同的，甚至服务群体也大同小异，仅仅取决于品牌或老板爱好而已。如果译成英文，或许大多数只好译成restaurant(饭店、餐馆)及bar(酒吧)之类吧。尽管英文等拼音文字词汇多如牛毛，但饭店名称有如此艳丽多彩吗？

三、搭配让情感词汇细致入微丰富多彩

笑是人类情感的自然或不自然流露。所有各种可能的有关笑的容貌和心态，汉语均有恰到好处、细致入微、入木三分的描述。

2字词汇

微笑／含笑／悟笑／赧笑／喜笑／欢笑／嬉笑／浪笑／哗笑／逗笑／发笑／好笑／可笑／咧笑／狂笑／大笑／巧笑／言笑／暗笑／窃笑／失笑／傻笑／痴笑／憨笑／见笑／狞笑／苦笑／惨笑／干笑／赔笑／卖笑／取笑／调笑／耍笑／嘲笑／讥笑／讪笑／嗤笑／耻笑／冷笑／非笑／诮笑／奸笑／狞笑／笑骂／笑柄／笑料／笑场／笑话／笑剧／笑噱／笑脸／笑貌／笑纳／笑谈／笑容／笑纹／笑窝／笑涡／笑靥／笑颜／笑影／笑语／笑星，等等。

3字词汇

笑哈哈／笑呵呵／笑咧咧／笑眯眯／笑嘻嘻／笑吟吟／笑盈盈／笑面虎／赔笑脸／开玩笑，等等。

4字词汇

莞尔一笑/莞尔而笑/颔首微笑/辗然而笑/粲然一笑/喜笑颜开/眉开眼笑/嬉皮笑脸/幼稚可笑/捧腹大笑/哄堂大笑/哄然大笑/不苟言笑/谈笑风生/谈笑自若/谈笑自如/有说有笑/爱说爱笑/掩口而笑/聊博一笑/付之一笑/一笑置之/破颜一笑/破颜为笑/破涕为笑/哑然失笑/强颜欢笑/胁肩谄笑/为人嗤笑/似笑非笑/一颦一笑/笑容可掬/笑容满面/笑逐颜开/啼笑皆非/笑里藏刀，等等。

5 字词汇

皮笑肉不笑等。

仅仅笑一种情感，汉语就有 100 多个词汇，从各种不同角度对其进行全方位描述，对司空见惯的人类情感，描绘得栩栩如生、淋漓尽致。

四、交错艺术搭配让天地、山水、万千 3 个词汇生成近 200 个成语

咬文嚼字、能说会道、豪言壮语、四平八稳等四字成语皆是交错艺术搭配生成。或许，天地、山水、万千 3 个词汇最适宜交错艺术搭配，竟然能交错搭配出近 200 个 4 字成语。

1. 在"天地"间交错搭配生成的 4 字成语

格式①：a 天 b 地

欢天喜地　谈天说地　谈天论地　指天说地　指天画地　开天辟地　战天斗地　翻天覆地　惊天动地　震天动地　震天骇地　撼天动地　感天动地　谢天谢地　改天换地　铺天盖地　遮天盖地　漫天盖地　漫天彻地　漫天漫地　漫天塞地　漫天匝地　通天彻地　经天纬地　洞天福地　冰天雪地　花天酒地　瞒天昧地　瞒天席地　呼天抢地　号天扣地　擂天倒地　号天叩地　推天抢地　烦天恼地　高天厚地　欺天罔地　欺天诳地　熏天吓地　燷天织地　戴天履地　撑天拄地　幕天席地

格式②：a 地 b 天

喜地欢天　说地谈天　辟地开天　覆地翻天　酒地花天　撼地摇天　缩地补天　知地知天　福地洞天　漫地漫天　席地幕天　抢地呼天　昧地瞒天　昧地谩天　怆地呼天

格式③：天 a 地 b

天高地厚　天高地远　天高地迥　天翻地覆　天覆地载　天长地久　天长地老　天长地远　天差地远　天悬地隔　天崩地裂　天崩地坼　天摧地塌　天愁地惨　天昏地惨　天昏地黑　天昏地暗　天大地大　天公地道　天经地义　天荒地老　天寒地冻　天冠地屦　天南地北　天罗地网　天奇地怪　天旋地转　天造地设　天授地设　天涯地角　天灾地变　天灾地孽　天诛地灭　天知地知　天震地骇　天差地别

格式④：地 a 天 b

地角天涯　地覆天翻　地坼天崩　地网天罗　地平天成　地老天荒

2. 在"山水"间交错搭配生成的 4 字成语

格式①：山 a 水 b

山清水秀　山明水秀　山长水远　山遥水远　山穷水尽　山高水险　山高水低　山高水长

格式②：水 a 山 b

水秀山明　水缘山清　水碧山青　水光山色　水色山光　水远山长　水远山遥　水尽山穷　水阔山高　水送山迎

格式③：a 山 b 水

千山万水　青山绿水　奇山异水　残山剩水　穷山恶水　高山流水　登山涉水　登山临水　游山玩水

格式④：a 水 b 山

万水千山　绿水青山　涉水登山　流水高山　知水仁山

3. 在"千万"间交错搭配生成的 4 字成语

格式①：千 a 万 b

千山万水　千山万壑　千岩万壑　千岩万谷　千辛万苦　千欢万喜　千恩万谢　千思万想　千方万计　千叮万嘱　千言万语　千妥万当　千条万端　千绪万端　千端万绪　千丝万缕　千状万态　千态万状　千红万紫　千差万别　千变万化　千变万状　千头万绪　千推万阻　千呼万唤　千难万难　千依万顺　千仓万箱　千村万落　千门万户　千年万载　千秋万岁　千秋万代　千秋万古　千秋万世　千乘万骑　千兵万马　千军万马　千真万真　千真万确　千愁万恨　千仇万恨　千刀万剁　千刀万剐　千思万虑

格式②：万 a 千 b

万水千山　万古千秋　万代千秋　万岁千秋　万紫千红　万载千秋　万别千差　万苦千辛　万户千门　万语千言　万绪千头　万绪千端　万缕千丝　万剐千刀

格式③：a 千 b 万

成千上万　成千成万　成千论万　成千累万　盈千累万

五、搭配升华小结

搭配升华可使数千汉字远胜于数万数十万拼音文字词汇，正是因为升华仅仅是意义的升华与新生，而各汉字本身的形音义并未改变，这就不仅省去新词汇的大量记忆分量，而且，往往十分有利于新词汇意义的理解与记忆。如前述的无线电、电脑、维生素等。而对于大量外来语音译词汇也是如此。如阿司匹林、卡托普利等，只要知道这是一些西药名词汇就行，其结构形状和读音，对一般人而言都是太熟悉不过了。

因此，一般而言，掌握千字万词就能看懂九成读物。这是教育部、国家语委在 2006 年 5 月 22 日发布的《中国语言生活状况报告（2005）》中得出的结论。该报告显示：934个字、大约11000条词，即可覆盖媒体语料的90%。而覆盖80%仅需581个汉字。当覆盖率达到99%时亦只需要2315个字，用词13万条。当然，这是指当时调查的结果。

2013年6月，国务院公布了《通用规范汉字表》，共分三级字表。这是通过先进的研究手段和科学的方法所获得的最新汉字研究成果。根据"汉字效用递减率"，通过计算覆盖率所需用汉字数量，将8105个通用规范汉字划分为三级字表。其中，3500个最常用汉字构成一级字表，覆盖率达到99.5%。3000个次常用汉字构成二级字表。一二级字表合计6500字，覆盖率达到99.99%，相当于1988年3月25日国家语委和新闻出版署联合发布的《现代汉语通用字表》的7000个通用字。

三级字表为新增的1605个通用规范汉字，用来补充与大众生活密切相关的各个专门领域用字。其中，

姓氏人名用字651个；

地名用字404个；

科学技术术语用字280个；

中小学语文教材的文言文用字357个。

因部分字存在交叉，一字多用，故总数比1605多出87个，是据其在该领域的通用度和使用频度来确定的。

应该指出，《现代汉语通用字表》中的518字被收入三级字表，并删除了很少用于书写现代汉语文本的38个字，如"厐臁篸楄"等。

同时，将具有较大应用价值，与人们日常生活息息相关的71个"异体字"恢复为规范字，以方便人们使用。其中，29个确认为规范字，42个只在特定意义上视为规范字。

实际上，只要掌握常用字2500、次常用字1000，并能熟练查词典，阅读中文读物就能得心应手。

在某种程度上类似于单片机应用程序编制，别看应用程序机器语言字节长度达数百数千字节（1024 字节称为 1K），其实都是一二百条指令的反复应用（当然存在不少应用技巧）。与此类似，十几万条中文词汇其实就是 8105 个通用规范汉字的反复应用而已，陌生的冷僻字寥寥无几。当然，汉字应用技巧确实亦不少。

汉字之所以可千年万年反复应用的前提（或称基础）就是搭配升华。据前文提供的数学公式推算，8105 个通用汉字搭配升华能力无穷无尽，达百万千万海量词汇都不成问题。总而言之，搭配升华令汉字词汇绚丽多彩，与时俱进，永葆青春。

第三章　杰出功能让汉字一览众山小

文字并非上帝恩赐的，而是有识之士创造发明的。汉字是中华民族精英们创造发明的。

众所周知，中国并非唯一文明古国，却有举世无双的古老文字，最长寿却又青春焕发、生机勃勃的古老文字，这是为什么？

"人一能之，己百之；人十能之，己千之。"这是《礼记·中庸》中的名言，它道出了汉字长寿的关键所在。这就是，无论文字理论还是实用效果，古老汉字均具有百倍于其他文字的杰出表现。

在设计理念上，汉字的唯物辩证思维、标准化思维、艺术思维和联想思维这四种设计思维，可以无比自豪地宣称：远远超出任何拼音文字的设计思维。尤其是标准化思维和艺术思维所构思的二维汉字及其五彩缤纷的构字部件在标准化二维空间内的艺术布局，是任何拼音文字未曾涉足，当然是望尘莫及的思维。汉字的智慧高雅设计理念足以登上文字世界的珠穆朗玛峰而一览众山小。

大量社会实践证明，汉字的实用效果同样足以登上文字世界的珠穆朗玛峰而一览众山小。

第一节　经济效益一本万利

文字并非商品，任何人使用汉字无需付费，汉字何来经济效益？

此处经济效益乃是基于两个"相对"而言，一个相对指文字载体——纸张和路面等，仅一个相对也无法评估所谓经济效益，必须有另一个相对——作为参考系的文字，此处选取在国际会议场合下广泛应用的英文作为参考系。

对纸张而言，经济效益主要指表达等量的相同内容所耗费的纸张所产生的经济效益。显然，这种效益是指节约纸张所带来的经济效益。

最能直观体现这种经济效益的实例莫过于联合国文件。众所周知，任何联合国文件均须译成不同文本，且是世界最高水平的翻译家进行等量内容的权威翻译。因而，各种文本所耗费的纸张完全具有可比性。

在联合国供职多年的袁晓园女士发现：联合国任何文件都以中文本篇幅最短，人们可单凭厚薄来确定哪一个是中文本。中文的简洁性在袁女士脑海里留下极其深刻的印象，导致她在联合国总部中文科秘书等职位上卸任回国后，全身心投入创办《汉字文化》刊物事业，直至她百多岁谢世，为弘扬汉字文化事业作出了巨大贡献。

中文的简洁性不难从一些国际会议议题的中英文对照（中文一行大标题，英文往往须二行小字体表达）和中英、中俄、中法、中德等对照读物，以及随处可见的中英对照路名、商品名、药品名及其使用说明书等中发现。

人们用手能够感觉出来的联合国不同文本的文件或同一著作的英文版中文版书籍的厚薄，通常应该有 1/4 ～ 1/5 的差异。就取最小值 1/5 来计算。假设中文印刷教材、书刊报纸耗纸 1 万吨，等量内容的英文书报耗纸设为 X

$$\frac{4}{5}X=10000$$

$$X=\frac{10000 \times 5}{4}=12500（吨）$$

这就是说，等量英文版书报的耗纸量至少要多 2500 吨。换言之，中文书报每耗纸万吨，相对英文版而言，至少可获取节省 2500 吨纸张的经济效益。

人类的历史长河无穷无尽，汉字节约纸张所产生的经济效益显然也是无穷尽。说汉字的经济效益一本万利，形象生动，恰如其分。

尽管经济效益并非文字的本职价值，只能说是文字的"附加值"。具有高附加值的汉字追求到经济效益最大化，确实令英文等拼音文字望尘莫及。

同时也表明，汉字的简洁性在实用效果的节约层面，同样一览众山小。

实用效果的节约层面，另一个生动实例是，路面文字指示语，同样可带来巨大经济效益。

简洁的汉字在中国大中城市交通繁忙的主干道路面上随处可见。有的指示公交专用道，有的指示道路前方目标——隧道、路名、桥名、地名等。尤其是高架高速干道，为了避免临时变道可能引发交通事故，对于前方有分支或匝道的非相同目标的并行干道，必须在前方数百米处，标明并行的若干条干线的前方目标。

干道路面指示语可取代巨型门状指示牌，既节约成本，又便于司机及时调整和确认所行驶干道的准确性。因路面指示语往往可重复指示，而巨型门状指示牌则难以重复设置。

从经济角度审视，最值得强调的是，在大城市车流量大的宽广十字路口，有用白色虚线划定的弧状范围——大约短则数米，长则二三十米的路面上，写有"左弯待转区"5个特大白色汉字。其作用对直行和左弯分时通行的路口，可缩短左弯路程和通过时间，并增加左弯通过车辆。

其原理是，当直行绿灯亮后，须左弯的车辆可提前缓慢前行至左弯待转区排队等候左转。一旦左转弯绿灯亮，等候车辆可立即左转，如此可缩短已进入待转区车辆的左转弯路程和时间，从而提高路口车辆通行效率。长年日积月累，其经济效益无比巨大。

"左弯待转区"5个汉字，若用拼音文字表达，几乎是不可能实现的——字母太多，难以瞬间识别。即使用5个作为缩略语的大写字母表述，也相当别扭，毕竟拼音文字不便于竖排，而横排字体太小，效果极差。更何况未必存在"左弯待转区"这样的缩略语。即使有此缩略语，未必所有司机都认识。而此种指示语又难以用左弯箭头符号来表达，因它只有在直行绿灯亮的数十秒时间内才起作用，其他时间无效。"待转"含义的确必须用文字才能确切表达。左弯待转区，几乎每个汉字皆包含一个意思，拼音文字的确难以准确表达。

英文绝难实现的具有高附加值的高难度路面指示语，汉字能轻而易举予以实现。这难道不是汉字又一次以自己的实际行动实现了"人一能之，己百之；人十能之，己千之"的豪言壮语吗？

第二节　汉字车牌信息丰富精细举世无双

作为汽车"胸卡"的车牌，通常由文字分类和数字编号两部分信息组成。拼音文字车牌的文字分类信息，可能由若干个字母组成。几个字母的分类信息难以足够丰富精细，能够有所区分就已经很不错了，毕竟难以实现每 1～3 个字母都表达出公众熟悉的车辆分类信息。

而汉字在一个大写字母空间内，可表达出公众熟悉的数十至数百个信息。

首先，汉字可将地方车和军车分开。地方车用省级简称表达，如京、沪、津、渝、粤、辽、蒙、新等。比省级小一个级别的地方级信息则采用英文字母表达。警车则在地方车牌数码末位用红色"警"字显示。

军车曾用汉字区分出海、陆、空三军及各大军区车辆。当然用醒目的红色汉字显示。陆军军车曾用"军"字而不用陆字表达。现已改用汉语拼音字母表达军车。

外国大使馆和领事馆的外交车辆分别用"使""领"进行分类显示。这是任何拼音文字绝对难以实现的。

消防车通常属武警车辆，曾在车牌末位标注"消"字区分。

驾驶员培训车用"学"字标注。比赛专用赛车用"赛"字标注。如此等等，不一而足。

如此丰富精细的车辆分类信息，给交通管理部门带来莫大方便。因军车外交车等特殊车辆享有特权，在某些关卡可快速处理事故或放行。这也可能产生一定的社会效益和经济效益。

无须任何词典专门约定，公众皆相当熟悉的车辆精细分类信息，任何拼音文字皆难以企及，只能望"牌"兴叹。

这一生动实例再一次显示，汉字对拼音文字而言，的确具有"人一能之，己百之；人十能之，己千之"之优秀品质。当然这要归功于二维汉字单字词的广泛表意性。

可以虚构设想，汉字车牌如果丢失在世界任一角落，拾牌者只要大致知晓方块汉字非中国莫属，都可迅速认定是中国车牌。因地方车分类信息精细到省地级，或许很快就可寻找到失主。

拼音文字的国家车牌肯定难以精细到省地级。而且，在世界任一角落拾到的话，对一般人来说，极难迅速认定是某个国家的车牌。

因此，汉字车牌具有举世无双的鲜明特征。车牌也因汉字而变得丰富多彩。

第三节　袖珍月历的汉字辉煌

车牌上有汉字辉煌，袖珍月历上同样闪烁着汉字辉煌。这种辉煌，让每月每日不仅有阴阳历两种日期的并列显示（如下图——2012年9月月历所示），更有国庆节、建党节、建军节、教师节、劳动节、妇女节、儿童节、青年节等法定节日和春节、中秋节、端午节、重阳节等传统节日的显示。还有，我国特有的表明气候变化和农事季节，在农业生产上有重要意义的二十四节气的显示，更为月历增添浓厚的科学气息。

对北半球而言，在每年2、5、8、11月的上半月，分别有立

星期日	星期一	星期二	星期三	星期四	星期五	星期六
						1 十六
2 十七	**3** 十八	**4** 十九	**5** 二十	**6** 廿一	**7** 白露	**8** 廿三
9 廿四	**10** 教师节	**11** 廿六	**12** 廿七	**13** 廿八	**14** 廿九	**15** 三十
16 八月	**17** 初二	**18** 初三	**19** 初四	**20** 初五	**21** 初六	**22** 秋分
23 初八	**24** 初九	**25** 初十	**26** 十一	**27** 十二	**28** 十三	**29** 十四
30 中秋节						

春、立夏、立秋、立冬四个气节，表明历法上的春季、夏季、秋季、冬季的开始。但因我国领土辽阔，南北方季节可能与历法上的季节有些差异；广大北纬中纬度地区应该是吻合的。

在每年 3、6、9、12 月的下半月，分别有春分、夏至、秋分、冬至四个节气，涉及昼夜长短变化的明显特征：

春分秋分，昼夜等长，即平分昼夜。

夏至昼最长，冬至昼最短。即冬至夜最长。

春分到秋分的上半年，昼长夜短；秋分到春分的下半年，昼短夜长。即，半年昼长夜短，半年昼短夜长。

了解昼夜长短变化规律，有利于适时调整作息安排。

汉字袖珍月历显示内容，丰富科学，可谓举世无双。

同时显示国际通用的阳历日期和我国特有的农历日期两种日期，适用于包括广大农民群众在内的所有人使用，服务群体涵盖全体民众。

可是，如果没有一套完全可与阿拉伯数字媲美的文字化数字符号系统，难以实现两种日期的完美并列显示。

别说两种日期的并列显示，就拿月历框上端的"星期"栏目名称标注来说吧。非微小型月历还好些，该栏目每单元标注空间尚能容纳三个大写字母，使英文星期几名称有区分地表达出来。如果该标注空间微缩至仅允许一个字母表达，无奈的英文只能用 S、M、T、W、T、F、S 七个字母依次表达日、一、二、三、四、五、六。

有趣的是，仅仅七个字母，在以 W 为中心的两侧对称位置上，竟然出现两对"双胞胎"——SS 与 TT，突显拼音文字缩略语的无奈。

其实，无奈的岂止是两对"双胞胎"？

从各语种皆有的疑问句"今天星期几"中知道，一周七天名

147

称的命名关乎着人们日常生活中工作学习的安排。对于其中每一天或某天，人们不仅想了解今天是星期几，还想了解本周还剩下几天？对于两个"几"字而言，不言而喻，人们多么渴望七天名称中应包含连续的数字概念，只要回答一个问题，便可解决涉及两个"几"的答案。

对于英文和中文一周各天的名称，仅仅就两个"几"而言，中文远远胜于英文。尽管英文有 week（星期、周）一词，却无法贯穿于七天名称中的每一天；尽管七天名称皆以 day（白天）结尾，却无法呈现星期或周的概念，无奈也。

而中文名称，不仅满足了六天的连续数字概念，还满足了起始日——星期日这个"初始标志日"概念。有此二概念，只列出三天名称，就知全星期名称。

星期日、星期一、星期二或周日、周一、周二。

这就是中文名称的魅力所在！

只要知道今天是星期几，就立即可知本周还剩几天，完全不需要通过数各天名称来确认本周还剩下几天。这就是中文名称的魅力所在！

加上名称中贯穿"周标志"——星期或周，可使一周七天的名称——无论简称（日、一、二、三、四、五、六）还是全称（星期日、星期一、星期二……）皆可形成一个无限循环的时间长河"链条"。

数学家应该十分钦佩中文名称，因为他可采用数学式表达：

Σ（y、a、b、c、d、e、f）$=\Sigma$y、Σa、Σb、Σc、Σd、Σe、Σf

其中，Σ（音：西格玛）代表汉字星期或周，y 代表汉字日，a、b、c、d、e、f 分别代表汉字一、二、三、四、五、六。

不仅数学家，天文学家也更是打心底里佩服，只有中文才真正实现了天文学家对基本单元各天名称命名的真实意图：

初始标志日＋6个连续数字日，且表达周期概念的名称"星期"称呼贯穿始终（英文 day 贯穿始终，却无法突显"星期"概念）。

"人一能之，己百之；人十能之，己千之"之豪言壮语，再一次体现在月历中一周各天名称的命名上。

第四节　最佳地图标注文字

地图是一种不规则图形的集合体，无论地区行政区划、河流山脉、湖泊、公路铁路乃至海岸线、岛屿等，皆是弯弯曲曲，呈现出不规则形状。只是高速公路和高速铁路走向可能较直些。

对于不规则图形的标注，汉字有其独特的优势——均衡、分散、弥漫于欲标注区域范围整个空间及山脉、河流铁路沿线全范围。文字与图形错落有致，和谐相处，赏心悦目。其中包括字体大小搭配得体，红黑二色相处和谐，整幅图形文字有条不紊、均衡有序。这是任何拼音文字极难实现的"均衡标注"。

实现均衡标注的关键在于，被标注的汉字名称可天南地北地分散标注，在阅图者脑海里又可自然而然地完整合成。（参阅前文）

完整概念的合成，显然要归功于前文已述的汉字独有而拼音文字绝对不可能有的优秀品质——亲和力。

亲和力就是汉字的超强磁力，它可将河流、铁路、山脉等地理图标旁相距遥远的汉字，在阅图者脑海里进行汇聚，"合成"为完整名称。这就是汉字的魅力所在！

行政区划全称，同样可用稍大字体或红、蓝色字体均衡弥漫于全区域。离散式标注，对拼音文字而言勉为其难。

汉字，是任何地理学家梦寐以求的最佳地图标注文字，是拼音文字绝对难以媲美的最佳标注文字。

第五节　短暂时空和特殊平面上的完整信息的强力表达

　　表达能力的强弱是衡量语言文字应用能力的关键指标之一。如果能不受时空限制的强力表达，必然是优秀语言文字的杰出功能，汉语汉字就是一种具有超强表达能力的优秀语言文字。

　　一、短暂时空完整信息的强力表达

　　作为短暂时空的典型实例有二。

　　其一，乒乓球、排球比赛的实况解说。

　　解说员必须以敏锐的目光，时刻注视双方运动员的每一个动作，抓住稍纵即逝的精彩镜头，以精辟的语言及时准确地描述比赛的精彩场面，调动起球迷及观众的情绪，引起共鸣。

　　当得分一方发球时，解说员及裁判必须在发球的短暂瞬间，将双方成绩及时地报道出来。汉语格式是几比几。前者为发球方成绩，后者为对方成绩。一个"比"字，泾渭分明地将双方成绩区分开来了。"比"字，乃是不可或缺的"语言隔离符号"，是个极其重要的语音信息。

　　然而，十分讲究语法关系的英语裁判，在报告双方成绩时，却一反常态地省略了相当于"比"字的语音隔离符号，仅仅按先后顺序报告两个"裸数据"而已。如双方成绩为三比二时，只报告 3 和 2. 英语本应为 The score is 3 to 2（得分 3 比 2）。在如此短暂的瞬间，来不及讲究语法关系，只得忍痛割爱，略去 The score is（The score was），但意义相当于"比"字的 to 与基数词2的读音two，二者几乎一样，哪怕是权威播音员，也难以将to与two的读音明显地区分开来。无奈之下，还得再次忍痛割爱。一割再割之下，完整的句子，只剩下生硬的两根"骨头"——3、2，血肉全无，名副其实的"裸数据"。多么的无奈！这要归罪于to、two二词同音吗？缺失语音隔离信息的双方成绩的表达，能说是完整信息的表达吗？

再看非得分方的发球，裁判要说"换发球"。汉语仅3个音节，表达得明确清晰。英语为change of service（换发球），音节数似乎多了一倍，在短暂的瞬间，还能如汉语那样，表达得如此明确清晰吗？

明确简洁的汉语，在短暂瞬间语言环境下，依然能强有力地表达出完整信息，充分显示出汉语的超强表达能力。当然，我们还可从同声翻译中来证实汉语的超强表达能力。尽管老外叽里咕噜讲得相当快，但同步的汉语同声翻译却显得"慢条斯理"，慢腾腾地吐字方可"中外同步"。

其二，让眼球有舒适感的贴身字幕。

当电影银幕和电视荧屏上播放故事片和电视剧时，随着故事情节的展开，主人公相继出场。当关键人物第一次出现时，紧贴其身旁（当然有适度空隙）立即闪现出一列字幕，介绍人物身份。比如：不少故事片和电视剧会出现：中共中央副主席周恩来，工农红军总司令朱德，等等。数秒后随即消失。既不影响影像的观看，又艺术地展示了关键人物的重要信息，让观众能及时地熟悉故事中的各主要人物。艺术地展示人物信息，更青睐纵向空间。

播放现场采访电视新闻时，被采访对象用竖写的贴身字幕介绍，既让观众眼球感觉舒适，更让观众体会到汉字在电视荧屏上的挥洒自如。能与之媲美的可竖写文字，世上究竟有多少呢？拼音文字绝对无法在短暂瞬间展示完整信息的贴身字幕（注意，"贴身"非竖排不可）。

汉字再一次无比自豪地宣示："人一能之，己百之；人十能之，己千之。"

二、特殊平面上的完整信息的强力表达

此处特殊平面主要指高楼大厦立面、机关名称牌子、书籍侧封面、可远眺的竖向霓虹灯招牌、庆典条幅和楹联广告等竖写文字的场所。这些场所，对横写的拼音文字来说，绝对是勉为其难的特殊平面，而汉字则大显神通、大有作为。

1.高楼大厦立面

不少高楼大厦立面，都会竖写通常4～5个巨大汉字，赫然标明大楼名称，尤其是大酒店、大饭店、大宾馆的高楼立面，都有招牌或大楼名称。

尽管有些大楼立面可能有窗户隔开，但仍不影响巨幅名称的完整表达，汉字的亲和力依然可将离散汉字在人们脑海里聚合成完整名称，这就是汉字的迷人魅力。

就像人是竖向站立一样，大楼几乎都是竖向耸立的。因而，大楼立面几乎都是竖向立面可供书写文字，4～5个大写字母竖向空间完全可标注大楼名称的完整信息。而对拼音文字而言，几个大写字母空间充其量只能标注简易商标名，如SONY（索尼）、SHARP（夏普）之类。大楼或酒店名称的完整信息往往勉为其难，更何况竖排极不利于拼音文字的观看，横写者竖排为难。

汉字横竖皆行，竖写大楼名称，从上到下观看，反而感觉舒畅悦目，这就是汉字的魅力。

2.有威严感的机关直立牌子

特大号的单位名称直立牌子，犹如彪形大汉般魁梧，很适合党政军权力机关及大型企事业单位。汉字的魅力能恰如其分地烘托出机关大院的氛围，并能唤起人们产生雄伟庄严的联想，尤其是军事机关直立牌子。如：

中国人民
武装警察部队　　　上海市警备司令部

中国人民
武装警察部队　　　上海市总队

目光再触及笔挺挺地站立于大门两旁的卫兵时，自然会立即意识到，这是个神圣不可侵犯的军事管理区。直立牌子与直立卫兵同样威严，充分显示出汉字的风采与魅力。直立大牌若换成横排字体的豆腐干式牌子，威严感或许荡然无存，只有直立的卫兵彰显威严感。

3. 赫然醒目的书籍侧封面

书籍的侧封面，尽管条形面积窄窄的，但往往从上到下，竖排的书名、作者、出版社三要素一应俱全，赫然醒目，丝毫不亚于封面，十分便于读者在书架上扫视寻找。而拼音文字书籍侧封面，情况却有些尴尬：要么书名长龙横卧，须歪脖子斜视；要么缩小字体，横排若干行，虽可正视，却颇为费时费力，毫无直观性、艺术性可言。

4. 可远眺的竖向霓虹灯招牌

在繁华的大街上，鳞次栉比的店铺招牌，五花八门，令人眼花缭乱。其中，最能捕捉过往行人目光的招牌，莫过于延伸出门面并与建筑并立的高大竖向霓虹灯招牌。入夜，霓虹闪烁，流光溢彩，吸引着双向流动着的人群目光，乃市容夜景亮点之一。

远眺竖向招牌的汉字，耀眼醒目，广告效应极佳。而英文竖向招牌，通常是名称长龙横卧头朝上。在上海市淮海中路上竟也有头朝下的英文长龙，注视时缓缓抬头倒也适意，但仍须斜视，颇感别扭，绝对无法与汉字媲美。

也有别出心裁者，将肩并肩的并联式英语，改排成首尾衔接的串联式英语，让观者当一回幼儿园小朋友，先一个个字母朗读好再拼音，然后由音及义去理解，多不自在。怎么也躲不开的竖向招牌哟，拼音文字实在勉为其难。

5.大型商场开张庆典和 N 周年纪念庆典

大型商场开张庆典和N周年纪念庆典之类的商业庆祝活动，几乎均少不了条幅。巨大的彩色气球下悬吊巨型条幅，从空中直达地面。或者从大楼顶部垂挂一系列条幅至地面，整个建筑犹如披上一条条绶带，洋溢着浓郁的节日氛围，热情地迎接八方宾朋。条幅上都是热情洋溢的祝辞和祝贺单位名称。在拼音文字难有作为的条幅上，汉字却能大放异彩。

6.对联广告

挂或贴在门楹上的联语叫对联，也叫楹联。对联即对偶佳句，乃为汉字文化的一大特色。此处介绍一些商业广告对联。

作为广告，拼音文字往往着重炫耀著名品牌，如可口可乐、百事可乐等。而汉字则用对联的艺术形式来作广告，引导消费，在勾起顾客的消费欲望的同时，也让顾客获得某种高尚的艺术熏陶和享受，有一箭双雕之效，同时也突显汉字的高雅品质。

一般来说，珠宝金店、古玩店、中药店等广告对联，古色古香，含蓄委婉；饮食店广告对联则通俗易懂，直接明确。下面列举一些商家的广告对联。（采集地：上海老城隍庙等商业区）

喜气当头金光耀神州；红运天绛祥瑞照四海。

玉养人纳福辟邪幸福长寿；人养玉吉祥如意招财进宝。

念今思古琴棋书画伴知音；倚禅傍道钟鼎木石养真性。

岐黄妙术寿布黎民；杏林春暖福满人间。（注："岐黄"指中医学术）

酒香引出洞中仙；肴鲜云集美食客。

沽酒客来风亦醉；卖花人去路还香。

巧手烹调千家菜；厨艺满足万客赏。

睹名厨风采；赏天下美味。

闻价心动；闻香身动。

广告效应竟然也被寺庙和尚所利用。为了促使虔诚的信徒们多捐钱款，多行善事，寺庙也打出了对联广告：

行些善事人知地鉴鬼神钦；做个好人心正身安魂梦稳。

7. 汉字景观

还有一个特殊平面，指汉字景观。祖国的大好河山旅游胜地众多。在东海渔岛舟山市普陀山景区胜地的一条公路旁，有一个汉字景观景点——半山坡上用山石雕刻而成的巨大"心"字，几乎是游客的必经之地。作为中国人，谁不知道"心"字景观的深邃含义呢？家人、情侣乃至同事同乡，站在"心"字上拍照留影，留下同心同德、心心相印、一心一意的良好印象，作为有意义的永久纪念。

汉字景观的创意，乃中华民族的"土特产"，是自然景观和人文景观巧妙搭配的产物，同时也体现出汉字的巨大社会效益和经济效益。

上述种种特殊平面绝非罕见，而是日常生活中经常能见到的。这些平面均需完整信息的文字表达，因全角空间（指一个大写字母占用的空间）的数量限制和竖写的编排限制，长龙般拼音文字往往勉为其难。而明确简洁的汉字则大显身手，出色地实现长龙般拼音文字极难表达的完整信息的强力表达。一个个雄辩的事实，强有力地证实了汉字能实现一系列拼音文字办不到的强力表达。对拼音文字而言，汉字再一次实现了"人一能之，己百之；人十能之，己千之"的豪言壮语。

第六节　智慧传递——字谜解密乐趣的实质所在

任何一种文字，除了其本职功能——强力表达社会生活中的各种信息和进行学习、各种文艺创作及科学研究等之外，尚可供人们进行文字游戏的智力娱乐，陶冶情操，增强对文字的亲近感。这种文字无疑是高雅文字。

汉字就是这样一种可供人们进行猜字谜、成语接龙等文字游戏的高雅文字。

动脑筋猜字谜显然可获得某种解密乐趣。解密乐趣的实质在于智慧传递——文字发明者和字谜设计者的某种智慧传递到解密者脑海里，使其获益匪浅，特别是增强对汉字的亲近感，再一次感受汉字无与伦比的科学性。

作为中华文化娱乐项目之一的猜字谜自古有之。北宋文学家王安石云：目字加两点，莫当贝（貝）字猜，贺字也；贝（貝）字欠两点，莫当目字猜，资字也。

换言之，欲将"见人就笑"（谜底：竺）的汉字百花园中的智慧小草的庐山真面目还原出来，须将字谜谜面流露出的幽默风趣的蛛丝马迹，采用顺逆双向思维，置换概念，肢解或嫁接汉字去解密。

必须指出，解密者应对繁体字和简体字了如指掌，才能得心应手。如，有的字谜只对简体字而言：宝中宝或中国，谜底皆为玉。也有对已简化和未简化的字设定的字谜：火烧西门土地庙和水淹西门土地庙的谜底，前者的煙已简化为烟，后者的湮并未简化。

添加式字谜有的亦须联系简繁方能解密：有水反而干枯，有人反而单独。谜底为"固"：加三点水后为涸，干涸无水；加单人旁后为"個"字，已简化为个。

还须指出，同一个谜底，允许有多个谜面。如谜面为：

左是山，右是山，上是山，下是山，山连山，山靠山，山咬山，不是山；

四座大山山对山，四条大川川对川，四个嘴巴连环套，四个日头紧相连；

四个王子转又转，四个日头肩并肩，四个口字膀靠膀，四个山字尖对尖；

字面看来都是口，农民缺它可犯愁。

上述长达94字的超长谜面，等效于仅2字的超短谜面——冀中，谜底均为"田"字。可见字谜谜面的制作技巧并非唯一，各有千秋。

当然，对同义词了如指掌有助于字谜解密。如：有人无人皆为你，谜底为尔；遛狗，谜底为伏（犬＝狗，遛狗必然是人陪着狗走的过程）。

下面从解密角度列举一些虽简单却回味无穷的字谜：

最简单的定位字谜：（破折号后为谜底）

左联——耳	东坡——皮	尖端——小
鼻头——自	湖中——古	上交——六
厅内——丁	极左——木	极右——及
内因——大		

只舍不并的简单字谜：

是船不叫船，只因缺半边——舟

砍树木——对　　　走运——云　　　拿不出手——合

灭火——一　　　如出一口——女　　　剪去一刀——前

熄火——息　　　嫁女——家

有舍有并的字谜：

甜一半，辣一半——辞；取一半，送一半——联

技术合作，不留一手，不留一点——枝

奶奶有子无女——孕　　　多出一半——岁

迷信害死人——谜　　　缺一点良心——恳

断一半，接一半；接起来，还是断——折

江西闽内治污水——浊　　　边谈边打——订

苏北冀中植秀禾——苗　　　除去半边，还剩半边——途

猜错一半——猎　　　林海无边——梅

有板有眼——相　　　软硬兼施——砍

会意字谜：

有吃有穿生活好——裕；儿子呱呱坠地——甥

巴蜀乡音——训　　　向下看——睡

思想不集中——忿　　　文言文——故

没事的姑娘——娴　　　枯泉——白

十五日——胖；原始森林——枯；独眼龙——省

两代人——姆；二姑娘——姿；傍晚——晒

添加式字谜：

有水能养鱼虾，有土能种庄稼，有木能成遮拦，有马能行天下，有人却非你我——也

有耳能听到，有口能请教，有手能按摩，有心就烦恼——门

你没有他有，天没有地有——也

分析式字谜：

左边加一是一千，右边减一是一千，不加不减再计算，两边共有人一千——任

走了一口还有一人，走了一人还有一口——囚

除去一人还有一口，除去一口还有一人——合

明明有人陪同，却还不够一人——伴

日月一齐来，不当明字猜——胆

十个哥哥，体重真轻，再重一千倍，才有一公斤——克

砍去左边是树，砍去右边也是树，砍去中间还是树，只有不砍才不是树——彬

三面是墙一面空，一条毛巾挂当中——匝

黑不是，白不是，红黄更不是，和狐狼猫狗仿佛，

既非家畜，又非野兽；

诗也有，词也有，论语上也有，对东西南北模糊，

虽是短品，亦是妙文——猜谜（此为纪昀所作谜联）

半边林靠半边地，一头牛同一卷文——杜牧（唐代诗人）

欠缺式字谜：

金木水火——坎　　　　只有姐姐妹妹和弟弟——歌

九十九——白

运算符号和涉数字字谜：

加减乘除少一点——坟　　　　大框加小框——固

十八寸——村　　　十八点——术　　　十八门——闲

共二斤——斯　　　分开是三人，合起来无数——众

三横又三竖，三撇又三捺——森　　　一人生得丑，一耳八张口——职

一撇画了三寸长——寿　　　两汉心高能跨日——替

两人力大冲破天——夫　　　三人胆大包天——奏

三人骑头无角牛——奉　　三人同日见，百花齐争艳——春

七人、十人，七十人，人人在龙乡——华

一千零一个傍晚——歼

三十加一不等于三十一，只因一横变一竖——冊

（注：以上字谜多数来源于：李屹之主编《中华句典》，新世界出版社，2006年8月第1版）

小结：

汉字结构的二维性及字生字的特性造就了猜字谜的趣味性。从解密角度将字谜分类，猜谜难度顿觉降低一个档次。在分类线索引导下，谜面谜底关系似乎呈现出柳暗花明态势，将谜面的蛛丝马迹与分类线索结合起来考虑，并抓住某些要点，可较快找到谜底：

1. 定位字谜的关键在于迅速找到定位字，非定位字内藏谜底。定位字无非是东南西北上中下左右内外及与其类似的头、端等字，如窝窝头（谜底：穴）、尖端。

2. 只舍不并字谜的关键在于，什么字内否定了什么字或什么偏旁。一般情况是，第一、二个字内否定了最后一字或最后一字偏旁，剩下部分即为谜底。如“树”字否定了“木”，“运”字否定了“辶”，“船”否定了“凸”，剩下的对、云、舟即为谜底。

3. 有舍有并字谜通常涉及两个字的取舍与整合。如“取一半送一半”字谜中，显然是分别将“取”“送”二字中的左右部分整合为一字——联。

“迷信害死人”字谜中，仅将“迷信”二字中的单人旁去掉，再调整顺序整合为一字——谜即可（“害死人”三字揭示单人旁不允许存在）。

“技术合作”这个字谜，被否定的是偏旁“扌”（不留一

手所表达的否定）和"术"字中的一点"、"，故谜底为"枝"。

"断一半"字谜，在"断""接"二字中，只能是"斤""扌"整合为"折"字。因另外两部件"迷""妾"无法整合成字，何况字谜中的最后三字"还是断"肯定了折（shé）字含义。该字谜极具代表性，不少有舍有并字谜，只要正确找出涉谜底关键二字，沿此破解思路，即可整合出谜底字。如，"除去半边"字谜，涉谜底关键二字为"除还"，谜底应为"途"（另外两部件"阝""不"无法整合）。

4.会意字谜谜底往往要转个弯找出关键字进行取舍整合。如"巴蜀乡音"转个弯是"四川方言"，关键字是川言，调整顺序整合即可。"思想不集中"换个说法是"分心"，故谜底为"忿"。"没事的姑娘"换个说法是"闲女"，故谜底为"娴"。"二姑娘"为次女，故谜底为"姿"。

"有吃有穿"字谜也要转个弯才能找到"吃穿"究竟指什么，字谜后三字"生活好"指出，有吃有穿指生活富裕，富裕应为谜底关键字。恰好"裕"字中，谷为吃的，"礻"代表穿的，故谜底必为"裕"字。

"二代人"字谜的关键字应在"父""母""子""女"四字中寻找出二字进行整合。"子""女"虽可整合成"好"字，但属于一代人。四字中既满足二代人条件又可整合成字的非"母""女"不可，故谜底为"姆"。

"枯泉"为无水之泉，故谜底为"白"。"独眼龙"少了一只眼，故谜底为"省"。"傍晚"指日落西边，故谜底为"晒"。"文言文"指古文，故谜底为"故"。"原始森林"指古木，谜底为"枯"。"向下"为垂（下垂），"垂"和"目"整合为睡。这些会意字谜只要正确理解谜面，就可很快找到谜底。

因此，对于会意字谜，往往要转个弯，换个说法才能找到关键字，整合成谜底。或者，正确理解谜面含义，找出关键字进行取舍整合成谜底。

5. 添加式字谜谜底基本上是单体字，无须整合。谜面恰恰是将谜底变成合体字后的情况，故解密过程是将合体字还原成单体字。还原过程显然是从几个关键合体字中找出同部件即为谜底。只要将有什么理解为加什么字可构成什么合体字，然后将几个（至少两个）合体字中的同部件找出即可。最简单的情况是，单体字加偏旁后，仍有一项含义未变。如"尔"加"亻"后为你，意义未变，故"有人无人皆为你"这个字谜，谜底为"尔"。添加笔画后绝大多数字总要变化，变化后的字是谜面，变化前的字就是谜底。

因此，添加式字谜也属于简单字谜。

6. 分析式字谜动动脑筋分析很有意思。如，人只能用整数去计算，而汉字"伴"在字谜中可拆分为"半人"，但又无法说半个人，只好说不够一人，因此，"明明有人陪同，却还不够一人"这个字谜，是句逻辑混乱但可信度高的谜面。

添加笔画、字及减少笔画、字去分析汉字是分析式字谜的设计技法和猜谜分析要点。谜底为任、囚、合三字谜，解密难度基本相同，极具代表性。

"砍去左边是树"字谜揭示出该字是木字旁且结构为左中右三部分，只要带好字典，在检字表内认真扫视木字旁且结构为左中右三部分的汉字，不难发现，"彬"字结构完全符合谜面描述。

对联字谜往往猜二字。上联描述该字为反犬旁，而另一偏旁系颜色，非黑白红黄，剩下只能是蓝、青、紫，但带反犬旁字非青不可，故上联谜底为"猜"。

下联描述该字为言字旁。对方向模糊的描述，表明另一偏旁关键字为迷路、迷茫、迷惘，实际上就是迷，何况与言有关的唯一选择就是迷，故下联谜底为"谜"。

7. 欠缺式字谜是在描述某一整体概念时，故意"漏掉"某一个体。被漏者冠以无或欠即为谜底。如在一般谜语中，谜面为金银铜铁，漏掉"锡"，故谜底为"无锡"。

在字谜"金木水火"中，漏掉了土，无土不能整合为字，只能理解为"欠土"，故谜底为"坎"。

在"只有姐姐妹妹和弟弟"字谜中，显然漏掉哥哥，故谜底为"歌"。

"九十九"这个谜面应理解为一百缺一，即百字缺一（画），故谜底为"白"。

8. 运算符号和涉数字字谜。在"加减乘除少一点"字谜中，运算符号÷（除号）少一点为汉字部首"亠"，加上乘号"×"后为"文"字，而加减号整合为土，故谜底为"坟"。

"大框加小框"字谜中，加字也是运标符号"+"，故谜底为"固"。

在不少字谜中，木被分解为十八。"共二斤"字谜中无一多余字，关键在于"二"嵌在"共"内成为其，故谜底为"斯"。

"三十加一"这个字谜中，三十即卅，加上一竖后为四十——卌。

综上所述，对字谜粗略归类有助于准确迅速找到谜底。当难以归类时就视为分析式字谜，慢慢分析出谜底。

字谜体现出汉字的趣味性。成语接龙（衔接处要同字或同音，至少是谐音，不可毫不相干地相连。最后，转到与龙首——开头成语首字衔接，形成闭环龙）。组字画（用一组汉字构思成一幅图画——鸡、鸭、牛、马、猪、羊等）等亦可体现汉字的趣味性。

2010年上海世博会会徽，就是以汉字"世"字图形，形象寓意三人合臂相拥，象征美满幸福、相携同乐的家庭，及由"你、我、他"组成的广义的人类。

吉祥物"海宝"也是以汉字"人"作为核心创意，体现出中国传统文化的深厚和"以人为本"的时代精神内涵。

文字要具有可猜性，必须满足下述 4 个条件：

1. 构字部件必须丰富多彩。

2. 各部件必须多样化二维布局。

3. 各部件均须具备某种涵义。

4. 谜面必须具备可分类特性，让解密思路广泛有趣，而不至于仅仅局限于 1 ~ 2 种解密技巧。

对于二维汉字来说，4 个条件皆获得充分必要的满足。因为，汉字既有 200 个左右部首，其中不少是汉字，非汉字部首也被赋予某种涵义；又有大量单体字作为合体字构字部件，所以说汉字字生字的特性让上述 4 个条件皆获得充分必要的满足。

对于以数十个字母为唯一构词部件的一维拼音文字来说，上述任一条件几乎皆无法满足。因而，仅就趣味性字谜而言，汉字相对于拼音文字同样是实现了"人一能之，己百之；人十能之，己千之"的豪言壮语。

第七节　奇联妙对雅趣盎然

如果说有什么既能体现创作智慧而形式上又较为简单的文学体裁最能体现汉字的独一无二，其他任何文字无论在形式上和内容上皆望尘莫及、无能为力的话，那肯定非对联莫属：

妙对对成对对妙；

奇联联出联联奇。

这副颂扬不少对联都很优秀的对对妙、联联奇的对联（作者姓名不详），本身就十分奇特，并体现出对联的某些特征：

1. 对联是对称的对偶语句，一般是上下联配对对称。而此联竟然是每个语句本身对中心字而言完全"镜像对称"（犹如人照镜子般对称）。这种对联称为回文联——正向反向朗读一个样，上联下联皆如此。

2. 上下联对仗工整，竟然工整到形成 4 对"对联"、2 对"奇妙"，1 对动词"成出"。以至于 14 字的对联其实仅用 6 个不同的汉字配对对成。这 6 个汉字为：妙对成奇联出。

假设，用 a、b、c、d、e、f 6 个小写字母取代汉字——对联妙奇成出 6 字的话，这副对联可用 2 行 7 列矩阵来表达：

```
| c a a e a a c |
| d b b f b b d |
```

如此一来，每行的回文特性和每列的对偶特征就一目了然：ab= 对联，cd= 奇妙，ef= 成出。

这副奇联妙对竟然可用数学矩阵来解析，找出其回文对偶特征。这，对拼音文字而言，其困难程度难道不是等效于难于上青天吗？

下面再介绍部分回文联：

佛顶山顶佛；
扶云石云扶。

上联是大诗人郭沫若题写的石碑碑文，位于浙江普陀山的佛顶山顶峰的寺庙内。

沿该寺庙旁下山，近山顶小路旁有一危卧巨石，似云扶着才不至于坠落山下大海之中，故其上镌刻着"扶云石云扶"五个大字。寺庙内和山顶上两块石雕文字便构成上述回文联。

清朝乾隆皇帝和文人纪晓岚拟写的回文联：

客上天然居，居然天上客；
人过大佛寺，寺佛大过人。

厦门"鼓浪屿鱼腹浦"回文联：

雾锁山头山锁雾；
天连水尾水连天。

辽宁喀左县"康复诊所"回文联：

正骨医师医骨正；
康复诊所诊复康。

举子和林大饮共同创作的对联：

处处飞花飞处处；
潺潺碧水碧潺潺。

昆明翠湖公园回文联：

翠湖喷水日水喷湖翠；
春城飞花时花飞城春。

西藏供电网电供藏西；
海南指南针南指南海。

响水河里河水响；
喷水池中池水喷。

　　上述回文联均为顺读倒读完全一样。若倒读成章，并另外有一番情趣，有人也称之为回文联。如杭州一茶楼门联：

趣言能适意；
茶品可清心。

　　顺读宣扬谈笑风生时品茶，可令人心境恬静，激动的心情平静下来。即，风趣话语能让人舒服适意，上好茶品可令人清心明目。

倒读宣扬心境恬静时来品茶，心情格外舒畅，话语自然风趣，另有一番情趣。

作为一种优秀文字，仅在对联一种体裁的创作中所具有的众多杰出表现，同样足以让汉字站在文字世界的珠峰之巅一览众山小。

对联中的众多杰出表现，拼音文字皆望尘莫及。上述回文联如此，即将介绍的叠字联、顶真联、拆字合字联、同旁联、嵌名联等皆如此。

1. 叠字联

叠字是汉语的修辞方法之一。将某些关键字重叠使用，可达到表意表情的强调美兼绘形绘色的绘画美，洋溢着浓郁的诗情画意。因而，叠字联像颗颗珍珠般广泛地撒落在祖国大好河山无数风景名胜的亭台楼阁上，风景联中不少是叠字联。

① 杭州西湖天下美景榭，驰名中外的叠字联：

山山水水，处处明明秀秀；
晴晴雨雨，时时好好奇奇。

该联全景式展示出西湖孤山的水明山秀、晴天好雨天奇的美丽景象。

② 杭州西湖九溪十八涧有清朝人俞樾创作的叠字联：

重重叠叠山，曲曲环环路；
高高下下树，叮叮咚咚泉。

该联绘形绘色地展示出西湖九溪十八涧的山水美景图。

③ 杭州花神庙的叠字联：

翠翠红红，处处莺莺燕燕；

风风雨雨，年年暮暮朝朝。

　　具有代表性的大自然春意盎然莺歌燕舞的美景风景联出现在不少风景名胜中。

　　④ 济南趵突泉叠字联：

佛脚清泉，飘飘飘飘飘下两条玉带；

源头活水，冒冒冒冒冒出一串珍珠。

　　天下第一泉泉水喷出的水泡，似玉带，似珍珠。

　　⑤ 四川巫峡瑶台叠字联：

月月月明，八月月明明分外；

山山山秀，万山山秀秀非常。

　　长江三峡风景秀丽，月明山秀，一派好风光。

　　⑥ 浙江天台中方广寺内的叠字联，只叠"声""色"二字，的确有声有色，精彩纷呈：

风声水声虫声鸟声梵呗声，总合三百六十天钟鼓声，无声不寂；

月色山色草色树色云霞色，更兼四万八千六峰峦色，有色皆空。

　　该寺庙筑于高山幽谷之中，下临石梁飞瀑。此联有声有色地全方位描绘出深山幽谷中的寺庙鸟语花香的美丽景色。

⑦浙江奉化休休亭的叠字联：

行行行，行行且止；
坐坐坐，坐坐无妨。

该联诚心诚意地劝行人来亭子内坐一坐，歇歇脚，休息片刻。
⑧湖南长沙有一白沙古井，其叠字联：

常德德山，山有德；
长沙沙水，水无沙。

此联采用烘托手法描述长沙白沙水之清澈见底。
⑨四川乐山凌云寺弥勒殿楹联（上联叠"笑"字，下联叠"观"字）：

笑古笑今，笑东笑西，笑南笑北，笑来笑去，笑自己原来无知无识；
观事观物，观天观地，观日观月，观上观下，观他人总是有高有低。

此联借佛写人，指出待人要宽，律己须严，要谦虚些。
⑩叠音叠字联：

小仪小姨小移小椅；
大马大妈大骂大麻。（下联在某杂志上刊登，征上联）

上联叠音为 yi，叠字为小；下联叠音为 ma，叠字为大。

172

上联意为：小仪的小姨妈，稍稍移动小椅子坐好。

下联意为：大马的大妈，痛骂毒品大麻害人，害得大马被判刑入狱。

叠音叠字联，如此对仗工整，恐怕世界上任何拼音文字除了望而生畏外，无能为力。

⑪叠音（谐音）叠字联：（选编）

　　丫头吃鸭头，鸭头咸丫头嫌；
　　童子击桐子，桐子落童子乐。

上联叠音为 ya（丫，鸭）、xian（咸，嫌），叠字为头。

下联叠音为 tong（童，桐）、luo（落）、le（乐），叠字为子。

上联意为：丫头嫌鸭头咸。

下联意为：树上桐子被击落，树下童子乐呵呵。

⑫叠音（谐音）叠字联：

　　游西湖，提锡壶，锡壶掉西湖，惜乎锡壶；
　　逛靖宇，买金玉，金玉遗靖宇，惊吁金玉。

上联为宋代大诗人苏东坡所作的无下联的古今绝联。叠音为 xi hu，叠字为西湖、锡壶。

上联意为：提着锡壶游西湖，锡壶不慎掉入西湖，失去锡壶实在可惜。

下联为仿上联拟写的。叠音为 jing yu、jin yu；叠字为靖宇、金玉。靖宇是以抗日名将杨靖宇将军名字命名的县名，位于吉林省东南部（通化浑江市北面）。金玉泛指珍宝。

下联意为：逛靖宇县城，买了一件金玉。但金玉遗失在靖宇，发现后，惊慌地呼喊着失去的金玉。

另一下联为：

名童星，累童心，童星失童心，痛心童心。

该联叠音为 tong xing、tong xin；叠字为童星、童心。其意为：童星出名后，整天或忙于练功课，或忙于各种应酬，很累很累，根本无暇顾及玩耍。童星为失去美好的童真而感到痛心。

⑬叠字联：

何所长，何所长，有何所长当所长。

该上联叠字为所长、何所长。这是个高难度古今绝联，极难对出完全对仗工整的下联，关键在于：

"何所长"三字，无论单独或联成短语，皆系多义。且长字既多义又多音，四个"长"字中，一头一尾两个读 zhang，中间两个读 chang，读音不同，意义显然不同。

三个"何"字中，第一个为姓氏，后两个皆为疑问代词，指"什么"或"哪里"等意思。

四个"所长"中，一头一尾两个为职务官衔；中间两个释义为长处，指优点、本事、能力、特长及资格等。

因此，该上联意为：

何所长有何优点，究竟有何特长或资格当所长。

汉字真是太奇妙了，官衔职务与某种优点长处竟然可用同一个词语——"所长"来表达。当然，二者的关键字读音有所不同（前者为 zhang，后者为 chang）。这是该上联之所以成为难以对出下联的古今绝联的关键之一。

关键之二为"何"字多义，既为姓氏，又为疑问代词。

因此，若要撇开"何所长"三字去对下联，难度极大极大。只有降低对仗工整的要求，才能降低难度。

比如，改"所"为"处"，所长升格或降级为处长，但当"长"字读 chang 时，应位于"处"字之前，组成"长处"而非"处长"。正因为该二字顺序改变，上下联对仗则不完全工整，但不失为可解释上联的勉强下联：

何处长，何长处，有何长处当处长。

当然，改变姓氏，变"何"为"啥"，降低姓氏要求，解释性或许更强，也不失为勉强下联：

啥处长，啥长处，有啥长处当处长。

此下联似乎带发牢骚性质，但此处系讨论下联的拟写，与牢骚无关，敬请处长们见谅。

2. 顶真联

此处顶真不作认真解，而系汉语的修辞方法之一。指用前面结尾的字词或短语，作下文的起头。类似于文句的叠字式接力。因而，顶真联的上下联，均由叠字、叠词的接力句子所组成。（以下①～⑥对联为选编）

① 画眉笼，笼画眉，画眉鸟跳上跳下；
　　乌龟罩，罩乌龟，乌龟头伸进伸出。

此联生动地描绘出，被笼罩囚禁的画眉和乌龟两种动物，并不甘心孤独寂寞的样子，在笼罩里依然活跃自在。

该联表明，顶真联既有叠字联的某些叠字特征，更有叠字、叠词的接力句子性质。这种接力性质称为顶真，也作顶针。

② 水上冻冰，冰积雪，雪上加霜；
　空中腾雾，雾积云，云开见日。

这是一副气象顶真联。上联描述冰雪交加景象，下联描述云开雾散景象。

③ 船载石头，石头重船轻，轻载重；
　杖量地面，地面长杖短，短量长。

以前农村丈量土地，是用木杖，现代应为皮尺。

④ 水车车水，水随车，车停水止；
　风扇扇风，风出扇，扇动风生。

随着潜水泵、水泵的广泛应用，水车基本上已被淘汰，只存在于无电的偏远农村。但空调却并未淘汰电风扇，因电风扇可灵活移动又省电。电风扇通电后依然是扇动风生。

⑤ 大鱼吃小鱼，小鱼吃虾，虾吃泥，泥干水尽；
　朝廷刮州府，州府刮县，县刮民，民穷国危。

此联用烘托手法，深刻地揭露了封建社会层层盘剥，刮民脂民膏的黑暗腐败及其祸国殃民的后果。

⑥长沙天心阁楹联：

　　天心阁，阁落鸽，鸽飞阁未飞；
　　水陆洲，洲停舟，舟流洲不流。

　　此联描述天心阁及水陆洲航道鸽歇鸽飞、舟停舟行的生机勃勃景象。

　　⑦颂扬飞天潜海奇迹联：

　　神九飞天，天穹会天宫，宫内勤实验；
　　蛟龙潜海，海底探环境，境遇忙摄像。

　　该联描述了2012年我国取得的上天入海的两大科技成果，表明我国航天事业已跨入世界前三甲。

　　3.拆字合字联（亦称析字联）

　　汉字妙极了。某些汉字拆开来抖一抖，竟然可魔术般地抖出一句话来。比如，"古文故人做，八刀分米粉"。前者，"做"字逐步分解，文字作反文旁"攵"，古文合并为"故"字；人字作单人旁"亻"，故人不就可并为"做"字吗？古文确系故人所做，妙哉乎。后者，"八刀"二字竖排为分，"分米"二字换位排为粉。米粉被切八刀，难道还不分开吗？

　　自己的某一创作思想，巧妙地通过某些汉字，经过如此这般地拆拆并并的文字游戏表达出来，的确只有智慧的汉字才能办到。拆字合字联不愧为汉字的专利。（以下①～⑥为选编）

　　① 此木为柴山山出；
　　　　因火成烟夕夕多。

177

以柴为燃料的山区农村，每天傍晚到处烟雾弥漫。本联通过四个关键汉字——柴、出（上联）和烟、多（下联）的拆拆并并，极其形象地描绘出山区村庄的傍晚景象。

② 两人土上坐；
　 一月日边明。

两个关键字——坐、明，简洁地构成一副描述农村即景的合字联。

③ 进古泉畅饮十口白水；
　 登重岳纵览千里丘山。

古泉被拆分为十口白水，重岳被拆分为千里丘山，拆得十分自然、形象又被量化，再一次显示出汉字结构确实巧妙，运用得又如此恰到好处，更显神奇。

此联重岳应指五岳——泰山、华山、衡山、恒山和嵩山，或者其他名山，均可纵览千里丘山。

④ 鸿是江边鸟；
　 蚕是天下虫。

"鸿"字是多义字，其中一义指鸿雁，即大雁，是一种群居在水边的冬候鸟。鸿的确是江边鸟。汉字结构有理有据。

蚕吐的丝可用来纺织绸缎，给天下人穿戴。蚕不就是天下虫吗？天虫为蚕，名副其实。

此联短小精粹，深刻地揭示了两个汉字结构理据性强。

⑤ 踏破磊桥三板石；

　　分开出路两重山。

　　此联拆"磊"为三板石，拆"出"为两重山，自然得体，对仗工整。

⑥ 祝枝山、唐伯虎的析字联：

　　长巾帐内子女好，少女更妙；
　　山石岩中古木枯，此木为柴。

　　上下联均拆并三字，配合巧妙。

⑦ 试对无下联的二则绝联：

　　问门口何人可配己酉好女子；
　　闪门人柯木可要西女艳丰色。

　　该联关键是，12字当中，从意义上讲，要分成3段，各段字数分别为5，2，5。尤其位于中间的第6、第7个字要起承上启下的连接作用，很关键，该处二字必须相配。试对的下联基本符合上联的上述要求，对仗工整。

　　妙少女原心愿配己酉郎；
　　睨目兒心音意要西女子。

　　下联中的心音意指心里话、心声，可对原心愿。睨目兒（应采用繁体字）对妙少女；要西女子对配己酉郎。因此，对仗工整。

4.同旁联

上下联各字的偏旁相同，或上下联对称字同一偏旁，称为同旁联。同旁联具有字形外观整齐划一的形象美，为其他任何文字所无法具备的。（以下①～④对联为选编）

① 悼古代伟大诗人屈原的挽联：

泪滴湘江流满海；
嗟叹嚎啕哽咽喉。

挽联描述了爱戴伟大诗人的平民百姓号啕大哭，泪洒湘江的悲壮悼念场面。

②《济公传》中的同旁联：

寄寓客家，牢守寒窗空寂寞；
远避迷途，退还莲迳返逍遥。

下联中的"莲迳"指僧人之路。上联描述女性孤苦伶仃守空巢的苦恼。下联描述男性僧人还俗后，放浪江湖乐逍遥的精神状态，与守空巢的苦恼形成强烈对比。

③ 广东虎门"五行（wǔ xíng）"联。（五行指金、木、水、火、土五种物质，我国古代思想家企图用这五种物质来阐明世界万物的起源。）五行联指5字偏旁分别为"钅、木、氵、火、土"。

烟锁池塘柳；
炮镇海城楼。

广东虎门海城楼大炮，见证抵抗洋人的鸦片战争。当时，楼旁池塘柳枝叶间烟雾腾腾，可见当年硝烟弥漫浴血奋战的场景何等惨烈。

④ 琴瑟琵琶，八大王王王王在上；

　　魑魅魍魉，四小鬼鬼鬼鬼犯边。

上联巧借琴、瑟和琵琶三种乐器名称4字上部的8个"王"字，影射1900年侵略我国的八国联军。

下联中，形容各种各样坏人的成语魑魅魍魉（chī mèi wǎng liǎng）恰好4字左边皆为鬼字，用妖魔鬼怪影射侵略者太形象生动。鬼鬼犯边，有力地揭露了侵略者频频骚扰我国边境。

此联巧借汉字偏旁，强力抨击了各国侵略者在我国犯下的滔天罪行。凭借汉字结构描述来反映时局，抨击列强，表明汉字偏旁含义深刻，能协助和延伸主体字功能，汉字确实有"特异功能"。集成式汉字，不愧为拥有集成电路般的多功能优越性。

"人一能之，己百之；人十能之，己千之"的汉字豪言壮语，再一次在千古流传的众多经典妙对奇联中获得绝佳体现。

5. 嵌名联

嵌名联是指将名字中的二字嵌在上下联首字或对称位字中。

① 郭沫若颂毛泽东嵌名联（选编）：

泽色绘成新世界；

东风吹复旧山河。

② 悼秋瑾嵌名挽联（选编）：

　　悲哉，秋之为气；

　　惨矣，瑾其可怀。

③ 颂科学巨匠钱学森丰功伟绩：

学术泰斗航天圣；
森海巨木强国梁。

④ 颂知名企业家、慈善家陈光标先进事迹：

光荣责任重如山；
标新立异献慈善。

该对联颂扬企业家陈光标视企业社会责任为重如山的光荣责任，并不断标新立异，采用有陈氏特色的种种方式轰轰烈烈地搞善举，令人钦佩不已。

从上述嵌名毛泽东、秋瑾、钱学森、陈光标的4副嵌名联中可看出，相对前述回文联、叠字联、析字联等各种特色对联而言，嵌名联可能是较易创作的对联之一。

尽管有名字指定字的束缚，但其创作还是较自由的。只要抓住人物的关键亮点，突出主题便可创作出有鲜明个性的嵌名联。嵌名联的特色正是在于有鲜明个性。

汉字如此神妙，尽管各人名字各式各样，各人长处各式各样，名字与长处之间表面上也并无必然联系，但深入下去，名字与长处之间似乎总可找到某种必然联系。这种必然联系正是嵌名联的创作灵感与灵魂。有了灵感，就可从名字中找到与名字主人的优秀品质及其丰功伟绩相匹配的经典词语，拟写出亮丽的语句。

拼音文字名字虽然也可能有某种特色。如前苏联领袖斯大林（Сталин）乃为俄文钢（Сталь）的谐音，寓意钢铁般坚强的人。但是，无论如何，俄文名字极难创作出具有对称特色的嵌名联。

别说是特色对联，在简单对联面前，从形式上看，任何拼音文字只能望而却步，寸步难行（若不计较文字形体，仅从文字内容上，或许可创作出内容对称对联）。在这一文学表现形式面前，汉字不愧为"人一能之，己百之；人十能之，己千之"的优秀文字。

6. 经典名联选编

先天下之忧而忧；
后天下之乐而乐。
　　　　　　——宋·范仲淹

海内存知己；
天涯若比邻。
　　　　　　——唐·王勃

横眉冷对千夫指；
俯首甘为孺子牛。
　　　　　　——鲁迅

风声雨声读书声声声入耳；
家事国事天下事事事关心。
　　　　　　——顾宪成书院门联

世上疮痍诗中圣哲；
民间疾苦笔底波澜。
　　　　　　——郭沫若题杜甫草堂

沉舟侧畔千帆过；

病树前头万木春。

——唐·刘禹锡

写鬼写妖，高人一等；
刺贪刺虐，入木三分。

——郭沫若题蒲松龄故居

海纳百川，有容乃大；
壁立千仞，无欲则刚。

——清·林则徐

铁肩担道义；
妙手著文章。

——李大钊

墙上芦苇，头重脚轻根底浅；
山间竹笋，嘴尖皮厚腹中空。

——明·解缙

蚕作茧，茧抽丝，织就绫罗绸缎暖人间；
狼生毫，毫扎笔，写出锦绣文章传天下。

——清·李调元对老师

双手劈开生死路；
一刀割断是非根。

——屠夫

一身正气　　　当仁不让　　　宁为玉碎
两袖清风　　　见义勇为　　　不作瓦全

当仁不让　　　闻过则喜　　　生当作人杰
见义智为　　　嫉恶如仇　　　死亦为鬼雄

名利淡如水　　　乾坤容我静
事业重于山　　　名利任人忙
　　　　　　　　　　　——清代名僧苏曼殊

有志肝胆壮　　　宁静而致远　　　救人如救己
无私天地宽　　　淡泊以清心　　　嫉恶如嫉仇

退一步天高地厚　　　书山有路勤为径
让三分柳暗花明　　　学海无涯苦作舟

保剑锋从磨砺出　　　世事洞明莫玩世
梅花香自苦寒来　　　人情练达应助人

棉纱织布布包棉　　　春光辉映满堂春
菜籽榨油油炒菜　　　福气降临全家福

鼠无大小皆称老　　　金沙江畔花枝俏；
龟有雌雄总姓乌　　　云雾山中万木春。
　　　　　　　　　　　——电影名组成的对联

碧野田间牛得草

金山林里马识途

——人名联（1983 年春节央视征联，嵌六位文艺界人名联）

明月照纱窗，个个孔明诸葛亮；
清风沐凤阁，处处常清上官正。

上联相传为纪晓岚之妻原作，澳门楹联学会两位会员曾联合悬赏征下联。出句时在句首加"明"字，以增加难度。下联为金伯弢（tāo，音韬）所对。凤阁为唐朝权力机关，相当于现今国务院。上官正为宋代官员，字常清。

《楹联大全》的编著者李岫春说，此联对工整齐，寓意合理，只是"常"对"孔"在词性上略嫌小疵。

一孤舟，二客商，三四五六水手，扯起七八叶风帆，下九江，还有十里；
十里远，九里香，八七六五号轮，虽走四三年旧道，只二日，胜似一年。（注：九里香为木料）

上联为明朝嘉靖八年（1530 年）江西吉水罗洪先撰写；400多年后的 1959 年，才被李戌翎对出下联（参见《中国文字游戏大百科》，侯印、林春增编著，山东人民出版社，2004 年）。

在封建社会科举时代有一赴京赶考的秀才迟到误场，主考官命他用数字一至十和十至一作对联。该对联如下：

一叶孤舟，坐了二三个骚客，启用四桨五帆，经过六滩七湾，历尽八颠九簸，可叹十分来迟。

十年寒窗，进了九八家书院，抛却七情六欲，苦读五经四书，考了三番二次，今天一定要中。

杭州钱塘江观潮亭对联：

声驱千骑疾；
气卷万山来。

泰山南天门对联：

门辟九霄，仰步三天胜迹；（注：三天指玉清、上清、太清）
阶崇万级，俯临千嶂奇观。

云南昆明西山一亭联：

高山仰止疑无路；
曲径通幽别有天。

福建泉州茶楼对联：

为名忙，为利忙，忙里偷闲，饮杯茶去；
劳心苦，劳力苦，苦中寻乐，拿壶酒来。

闲人免进贤人进，　　　　一勤天下无难事，
盗者莫来道者来。　　　　百忍堂中有太和。

中医门联：

膏可吃，药可吃，膏药不可吃；
脾好医，气好医，脾气不好医。

发愤识遍天下字；立志读尽人间书。

——苏东坡自勉联

7. 最短和最长的对联
最短的对联莫过于三字对联：

满招损
谦受益

另一最短对联是，1932 年国学大师陈寅恪教授主持清华大学入学考试国文试卷加试对联题。上联为孙行者，作为下联的标准答案是祖冲之，有人答为胡适之也满分。关键是，"者"一定要对仗"之"才算工整。姓氏祖孙对仗也很重要。

当然，该对联也可拉长为：

天生一个孙行者；
地生一个祖冲之。

古今第一长联被认定为昆明大观园楼的长联，每联长达 90 字，为最短对联的 30 倍。为显示其对称性，分上下两行对称书写，上面一行为上联，下面一行为下联：

五百里滇池，奔来眼底。披襟岸帻，喜茫茫空阔无边。

数千年往事，注到心头。把酒凌虚，叹滚滚英雄何在。

看：东骧神骏；西翥灵仪；北走蜿蜒；南翔缟素。
想：汉习楼船；唐标铁柱；宋挥玉斧；元跨革囊。

高人韵士，何妨选胜登临。趁蟹屿螺州，
伟烈丰功，费尽移山心力。尽珠帘画栋，

梳裹就风鬟雾鬓。更频天苇地，点缀些翠羽丹霞。
卷不及暮雨朝云。便断碣残碑，都付与苍烟落照。

莫辜负：四周香稻；万顷晴沙；九夏芙蓉；三春杨柳。
只赢得：几杵疏钟；半江渔火；两行秋雁；一枕清霜。

8.以世界上最富理据极易理解的6个文字——一二三、氕氘氚为主线索构成的对联：

一二三，笔画越少，名次越好；
氕氘氚，气管越多，质量越大。

（注：氕氘氚的另一名称分别为普通氢、重氢、超重氢）
9.当今联坛十老之一的张过先生，用对联精彩地诠释对联

古往今来，为农工学商各行喜爱，处处生辉，两行万古；
金声玉振，融曲赋歌词诸体精华，言言甚妙，一字千斤。

10.另一106字长联，见于成都望江楼崇丽阁（参见李屺之

189

主编《中华句典》新世界出版社，2006 年 8 月第 1 版第 247 页），
上行为上联，下行为下联：

几层楼，独撑东面峰，统近水遥山，供张画谱，
千年事，屡换西川局，尽鸿篇巨制，装演英雄，

聚葱岭雪，散白河烟，烘丹景霞，染青衣雾。
跃岗上龙，殉坡前凤，卧关下虎，鸣井底蛙。

时而诗人吊古，时而猛士筹边，最可怜花芯飘零，
忽然铁马金戈，忽然银笙玉笛，倒不若长歌短赋，

早埋了春闺宝镜，枇杷寂寞，空留著绿野香坟。
抛撒写绮恨闲愁，曲槛回廊，消受得好风好雨。

对此茫茫，百感交集。笑憨蝴蝶，总贪送醉梦乡中。
嗟予蹙蹙，四海无归。跳死猢狲，终落在乾坤套里。

试从绝顶高呼：问问问，这半江月谁家之物？
且向危楼附首：看看看，那一块云是我的天？

11. 练习简易回文联及普通对联
回文联上联：网上乐而乐上网。试拟写除喷水池中池水喷之
外的下联。

普通联上联：气氕氘，管道越多越厉害（注：氢的同位素氕
和氚是比原子弹厉害的氢弹产生热核反应（核聚变）的原料。氚
有放射性）。试拟写下联。

190

注：众多经典妙对奇联来源：

1）宋明辉编著《新编实用民俗对联》，内蒙古文化出版社，2003 年 12 月第 1 版。

2）黄太茂、蒙智扉编著《趣诗妙对奇观》，大众文艺出版社，1998 年 2 月第 1 版。

3）李岫春编著《楹联大全》，中国社会出版社，2000 年。

4）李屹之主编《中华句典》，新世界出版社，2006 年 8 月第 1 版。

5）有关报纸杂志。

6）侯印、林春增编著《中国文字游戏大百科》，山东人民出版社，2004 年。

第八节　出神入化的奇诗唯汉字所独有

人无我有，人有我优，方显汉字英雄本色。嵌名诗、回文诗、析字诗和谜语诗等，出神入化，令人回味无穷，拼音文字则望而却步，难以企及。

1.嵌名诗一字二用实现多功能

嵌名联上下联只能嵌人名，而嵌名诗天地更广阔，可以嵌句贺词，嵌句主题，突出主题，达到效果倍增的作用。

1986 年，柳州市楹联学会成立，其中一首奇特的贺诗云：

柳河后浪推前浪，
州邑一派好风光；
楹柱增辉万家乐，
联园吐艳千枝香。
学坛欣逢盛会日，
会聚同人切嗜长；
成功全凭协心力，
立志四化谱华章。

该诗各句首字表达出主题：柳州楹联学会成立。

1984 年 8 月，王平将军赋诗祝邓小平健康长寿：

愿求九州早飞腾，
公举领导俱贤能。
长风破浪来指引，
健儿十亿气壮雄。

该诗嵌主题：愿公长健。"公"显然指长风破浪的指引者——改革开放的总设计师邓小平。"健儿十亿"指当时全国的总人口。该诗第一主题显然是：祝愿伟大祖国早日腾飞。

上世纪 70 年代广为流传的《天安门诗抄》中有两首嵌名诗值得赏析。其一为七言绝句：

张牙舞爪阴气霾，
春风满面是狼豺，
桥上抽板设陷阱，
杀豁忠良心太坏。

其二为：

江河湖海浪涛起，
亿万人民悼总理。
青山绿影低下头，
滚滚泪痕哀声起。
靠着泰山心难移，
谁料星陨日月泣。
边防战士继遗志，
誓和白骨斗到底。

在那满城风雨激情燃烧的年代所诞生的《天安门诗抄》，强烈地反映了时代的政治面貌。当亿万军民无限敬仰的周总理在1976 年 1 月 8 日谢世后，亿万军民将悼念总理的无限悲痛心情和对"四人帮"同仇敌忾的仇恨心情，交织在一起，形成一股不可抗拒的悲愤填膺的怒潮。上述二诗正是这股怒潮的真实写照。

前诗的第一个主题在于戳穿"四人帮"的"谋士"张春桥是个阴险毒辣、人面兽心的坏家伙。而各句首字即第一列字，表达出第二主题：张春桥杀。两个主题明显有某种联系或因果关系。

顺理成章的第二主题无需另费笔墨，却又极其露骨地表达出来了，这就是嵌名诗的特色。

这种特色，在生物学家看来，是"寄生功能"。

在数学家看来，第一列文字乃"二维数组"，有两个坐标，有二维功能。

在电子学家看来，第一列文字具有多功能。

在文学家看来，从修辞学角度看，此乃双关手法。

因此，仅此一点，表明二维汉字，兼具生物学、数学、电子学、文学等自然科学和人文科学的某些特色，具备海纳百川的优秀品质。拼音文字具备海纳百川的优秀品质吗？

后一首诗则采用"隔行扫描"手法，表达"江青靠边"，推翻"四人帮"的第二主题。

第二主题因隐藏、寄生在句首，故又被称为"藏头诗"。古人爱写藏头诗，留下不少名诗，现采撷几首如下：

其一，在经典名著《水浒传》的"吴用智赚玉麒麟"一回，吴用口述，卢俊义在墙上写下：

芦花滩上一扁舟，
俊杰黄昏独自游。

义到尽头原是命，

反躬逃难必无忧。

义无反顾地表达出卢俊义造反的第二主题。

其二，宋代大文豪苏轼写的《减字木兰花》：

郑庄好客，

容我尊前先堕帻。（堕帻〈duò zé〉，指摘头巾）

落笔生风，

籍籍声名不负公。

高山白早，

莹骨冰肌那堪老，

从此南徐，（注：南徐，指慢慢走向自力自尊）

良夜清风月满湖。

　　这是苏轼写的一首名为《减字木兰花》的词。该词的第二主题——郑容落籍、高莹从良，是作为地方长官的苏轼，批准郑容、高莹二妓女落籍从良的手谕。

　　毕竟是大文豪，官方政令内容竟用诗词来表达，政令主题则"寄生"在词的第一列字中。如此这般的政令，对拼音文字而言，简直是不可思议之事，而十个世纪之前的宋代大文豪苏轼用汉字完美地实现了。此例再一次雄辩地显示，汉字乃"人一能之，已百之；人十能之，已千之"之优秀文字。

　　清朝乾隆时期诗人李调元用嵌名诗来高雅地回答别人，表白自己：李调元也。

李白诗名传千古，

调奇律雅格尤高。

元明多少风骚客，

也为斯人尽折腰。

2. 回文诗（回文连环诗）

前文已介绍过回文联，作为对联仅两句，作为诗歌，至少四句以上。四句诗从结尾往前反向读亦成诗，且意义基本不变或稍许改变，称为回文诗。

有种回文诗，在第一句诗基础上，后续诗句皆采用重叠前句后半句四至五字，再新添续尾二至三字（对七言诗而言）形成。如此重叠加续尾所形成的回文诗被称为回文连环诗。广西东兰县（位于广西西北部）流传着一首赞颂东兰县城郊外山清水秀的回文诗就是回文连环诗。

该诗为四句七言诗，为亮出其重叠续尾特色，每句占用一行，重叠部分对齐，全诗形成阶梯状，特色味浓。反向读的回文诗亦如此。

兰东望外郊关远，

　　望外郊关远秀峦；

　　　　关远秀峦山水翠，

　　　　　　秀峦山水翠龙盘。

回文诗：

盘龙翠水山峦秀，

　　翠水山峦秀远关；

峦秀远关郊外望，

远关郊外望东兰。

回文连环诗格式：

完整首句＋续尾1＋续尾2＋续尾3

有趣的是，若将正向读的正文诗与反向读的回文诗互相视为对方，那么，二者末句逆读与续尾逆读均为对方首句，二者恰好互补。

回文连环诗重叠一半，四句诗不计较重叠部分，实际上就是二句，即首句加续尾词句。

仔细琢磨回文连环诗，确实有趣，可实现一诗二用。如上述正文诗乃从县城城东望郊外青山绿水一片好风光。回文诗乃从弯弯绿水青山秀丽角度望县城城厢热闹非凡的双向感受。

仿此，笔者草拟一首简述长跑好处——病少体强添寿享福的回文连环诗如下：

健身长跑疾病少，

长跑疾病少体强；

病少体强要添寿，

体强要添寿享福。

回文诗：

福享寿添要强体，

寿添要强体少病；

强体少病疾跑长，

少病疾跑长身健。

正向读诗简述长跑好处；反向读诗则反过来简述，要获得添寿享福的好处就必须强体少病。实现强体少病要长跑（当然，步行也行）。"疾"字在反向读诗中作用微妙，有疾病和快跑的双关修辞作用（"疾跑长"可理解为稍快的长跑）。这是正反读诗稍显的不同之处。

毫无疑问，对拼音文字而言，其语法系统体制将回文诗远远地抛至九霄云外而无法企及。横行的拼音文字，专横乎？可怜乎？出类拔萃的汉字再一次显示"人一能之，己百之；人十能之，己千之"之优秀品质。

3. 析字诗

汉字真奇妙，对联可拆分汉字，诗词较长更可拆析汉字。通常是将合体字拆分为若干独体字，分别处于诗中各行显著位置。如：唐朝诗人皮日休写的《晚秋吟》一诗中，就将诗题的3个字依次拆为6个字——日免禾火口今，分别处于各行首尾位置（有重点者）：

东皋烟雨归耕日，
免去玄冠手割禾，
火满酒炉诗在口，
今人无计奈伊何。

采用析字方式写作讽刺诗，颇有意思。如，有首《尹字谣》用来讽刺干尽坏事的尹县令：

伊无人，羊口是其群，
斩笋头，灭君口，
缩尾便成丑，直脚半开门，

一根长撬杠，杠个死尸灵。

第一句，"伊"字去单人旁为尹，添加羊口便为群字。

第二句，"笋"字去竹字头、"君"字去口皆为尹。可用来影射尹县令干尽杀人灭口坏事。

第三句，去掉"尹"字那一撇的左下部分，即"缩尾"便成"丑"字，可影射其出丑。这一撇如果扳直，便为繁体字"門"的一半（半开门）。

第四句，"尸"字内加一横为尹，活像个死尸，而尹字这一撇则像长撬杠，杠个死尸。这是对尹县令最出丑的讽刺。

当然，干尽坏事的县令未必姓尹，这是借"尹"字来讽刺那些干尽坏事的官吏。

另一首讽刺作恶多端的聂姓劣绅的析字诗云：

攀龙却成聋，附贵也为聩。
徒拥三只耳，左耳仍失聪。

4. 谜语诗（字谜诗）

扬州大明寺有首谜语诗云：

一人堂堂，二曜同光，
身深尺一，点去冰旁，
二人相连，不欠一边，
二梁四柱，烈火烘然，
除却双折，两日不存。

前面三行，每行谜底二字；后两行，每行一字，谜底共八字。

"一人堂堂"指大。曜（yào）指日、月、星。火星、水星、木星、金星、土星这五星与日、月合称七曜，分别代表一星期七天。此处二曜指日、月，合为明字。"寺"字可分解为十一寸，故"身深尺一"指"寺"字。古时"冰"字写成氷，去掉一点即为水，"点去冰旁"指水。"二人相连"指天。"不欠一边"应理解为"不"字尚欠一边，即为"下"。

　　后两行，"无"的繁体字为無。最上面看成屋顶，下有二梁四柱。"烈火烘然"指四点水，故倒数第二行指"無"（无）字。

　　两个日字并排为"昍"，将每个日字的上右折除去，剩下"比"字。故最后一行指"比"字。

　　因此，该谜语诗谜底为：大明寺水，天下无比。

第九节　决胜文字"冠军"

人类发明的文字都可视为优秀文字，但有没有优中之优的文字呢？答案是肯定的。因为，发明的理念与思路绝对有所不同，结果无疑有所不同。经过数千年的社会实践，时间会证明，时间已经证明——谁优谁更优。

那么，我们究竟应该怎样来评估这种优中之优呢？有没有令全世界都折服，都无话可说的评估标准呢？

众所周知，奥运会竞赛可产生奥运冠军，此乃全球冠军，人类冠军，全世界人民均认可且折服的冠军。显然，文字冠军无法通过体育竞赛产生，但有没有决胜标准呢？

应该说：有！而且，无论从定性角度审视还是从定量标准审视，均有文字冠军的决胜标准。

一、文字冠军的定性决胜标准

最能令全世界都折服的决胜标准并非今人提出，而是 2500 多年前的古代圣人提出，这就是《孙子兵法·谋攻篇》中的不朽论断："百战百胜，非善之善者也；不战而屈人之兵，善之善者也。"（见孙晓玲译注的《孙子兵法》，山西古籍出版社，1999 年 9 月第 1 版，第 35 页）

古代圣人孙武（孙子，名武）在其名著中明确指出：

百战百胜者，虽然是高明者，但并非高明中的高明者；只有通过各种威慑手段等谋略，不经交战就能迫使敌人屈服者，才算是高明中的高明者。

这就是不朽的"不战而屈人之兵"谋略，在当代仍有巨大的现实指导意义。而且，这不仅仅限于军事领域，同样可用于文字领域来评估文字中的优中之优。

首先必须领会该计谋的意思：不经交战而施计降服敌人取胜，胜于勇敢交战武力击溃敌人取胜。

获胜是目的，武力和计谋是手段，大代价和小代价是成本。毫无疑问，低成本智取获胜乃为上策，是优中之优的上策。因而，其精神实质就是，少代价智取获胜胜于大代价武力获胜，降服胜于打败，智取胜于武攻。

因此，"不战而屈人之兵"之谋略在当代有巨大的现实指导意义，尤其是其精神实质——低代价低成本办成大事或实现效益最大化更是放之四海而皆准的真理。

该计谋应用于文字领域，获胜应指适应时代的与时俱进。因文字是有始无终的开放系统，如何不断地顺应时代的发展与时俱进，是文字面临的最根本的关键问题，突破该关键便是胜利。因此，究竟是百战百胜式与时俱进还是不战而屈人之兵式与时俱进便成为评估优中之优的标准。

不言而喻，词汇与日俱增的膨胀式与时俱进，自然对应勇敢交战武力击溃敌人取胜这种情况。这是高成本的与时俱进。拼音文字确实如此高成本与时俱进，这是时间已经证实，且在不断证实的事实。也可认为是百战百胜式与时俱进。

汉字通过搭配升华，实现有限总量（指汉字库总量）和无限应用的高度统一，从而低成本（指搭配升华）和谐地与时俱进，并低成本实现效益最大化。

这难道不是达到"不战而屈人之兵"的标准吗？搭配升华与时俱进乃是典型的不战而屈人之兵式的与时俱进。

词汇与日俱增的膨胀式与时俱进就算是百战百胜式的与时俱进，仍然稍逊于不战而屈人之兵式的与时俱进。

汉字乃文字中的优中之优，板上钉钉！

二、文字冠军的定量决胜标准

文字冠军不仅有定性的决胜标准，更有过硬的定量决胜标准——使用寿命（字龄）。

这是过硬的定量决胜标准，看谁的使用寿命最长，谁就是冠军。《百问》一书第 16 页指出，"世界上的文字有 4 个不同的来源地：产生苏美尔文字的西亚（中东），产生古埃及文字的北非（埃及），产生马亚文字的中美洲（墨西哥），产生汉字的东亚（中国）"。

但是，"文字来源地的前三者都已经消亡了。苏美尔文字大约出现在公元前 3500 年前，通行了 3000 年。……古埃及文字的出现年代略晚于苏美尔文字。……可是，它后期形式的表音符号却成了字母的一个重要来源。马亚文字大约有 1500 年的历史，出现在公元前最后几个世纪，消亡于 16 世纪西班牙人占领中美洲之时"。

这就是说，苏美尔文字在公元前 500 年就消亡了；古埃及文字在拼音文字出现前就消亡了；最后消亡的马亚文字是在 500 年前的 16 世纪消亡。

结论：汉字是唯一存活至今的古老文字。

此唯一性表明：

1. 在当今通行的文字中，排除了除汉字之外的任何文字被称为古老文字的可能性。

2. 除汉字外，任何当今通行文字中的古代文字（如，古代英语）均比汉字年轻。

汉字高龄几何？通称 5000 多岁。但《百问》一书第 16 页指出，成熟汉字 3300 多岁。而其最原始符号的"始祖"（新石器时代陶器上的符号）可以追溯到公元前 8000 年左右，即汉字的最原始符号高龄达"万岁"。

还是以成熟汉字的 3300 多岁为准吧。汉字是当今世界最高寿文字。论字龄，汉字乃当之无愧的文字冠军。

三、世界文字领先者成绩斐然

根据优胜劣汰适者生存的自然界法则，遥遥领先于世界文字千百年的汉字，显然比已消亡的古老文字优秀得多，但此种比较却并无多少现实意义。关键在于，文字世界的后起之秀，从多角度审视、超越了汉字吗？能超越汉字吗？毫无疑问，这是个文字世界举世瞩目的重要命题。

后起之秀——拼音文字能否超越汉字，只要一看文字天赋，二看文字上网两大方面即可。但必须指出：天赋涉及膨胀式与时俱进还是轻松地与时俱进这个开环文字系统的大问题，是最主要的关键因素，上网只是与时俱进中的一大具体应用而已，是重要因素，但非关键因素，提提无妨。定夺超越与否的关键因素取决于天赋如何。

汉字有八大天赋。

1. 等效变换

开放系统的文字如何巧妙地应对无限时空带来的挑战乃是其生命力的生动体现。前文已述，应对无限时间的挑战，百战百胜的拼音文字膨胀式应对；汉字则以不战而屈人之兵式地轻松应对（搭配升华，以有限总量应对无限应用的挑战）。

无限时空下的文字，如何应对广袤空间下众多方言的挑战呢？是像欧洲那样，以众多文字甚至众多国家应对广袤空间下众多方言，还是像汉字那样，以一种语言文字超越千百种方言方式应对挑战？

汉字何以能以超越方式应对？这要归功于汉字的"等效变换"天赋。

汉字的等效变换天赋表现为允许进行删繁就简的汉字简化，使汉字能与时俱进地进步。此乃文字领域中其他任何文字皆难以实现的奇迹，奇迹令汉字朝明确简约的伟大目标前进一大步。

汉字的等效变换跟拼音文字字母大小写两种字形的并存似乎有某种神似，但汉字量多，远远大于字母总数，量变引起的飞跃，二者不可同日而语。汉字的等效变换乃是天赋，而字母的大小写变换不过是种雕虫小技而已。

汉字的等效变换天赋在字音上的表现则为标准读音——普通话可涵盖、超越千百种方言。即汉字的标准读音与千百种方言及少量已改变的古代字音均可等效变换、和谐相处，共同表达相同的文字。

如果将普通话标准读音视为"唱"，千百种方言及古代字音视为"和"，则汉字可呈现一唱千和的宏伟壮观景象，这是任何语言文字不可思议的宏伟壮观景象。

只有汉字的字义字形完全固化（含简体、繁体、异体），一文千语现象才能根植于字义字形的固化上。无"根植"则谈不上"涵盖""超越"。有根植，不同地域的方言写出来才会汇聚于相同的汉字上，让汉字的读音实现一主千从（主——普通话，从——千百种方言）的特异功能。汉字与千百种方言和普通话之间存在类似于翻译的等效变换，表达之间的等效变换。

这是一种海纳百川式的广谱包容功能，使泱泱大国亿万人民千百年来可共同使用同一种文字，最大限度地满足了亿万人民的日常语言习惯。包容功能可产生民族凝聚力，从而确保祖国江山牢不可破，不致因语言差异而产生社会动乱，一文千语、一主千从现象对社会的稳定、国家的统一贡献巨大，功不可没。因而汉语汉字的社会效益巨大，成为语言文字领域中的奇迹。一文千语、一唱千和、一主千从乃汉字所独有的语言文字优秀品质。

2. 搭配升华

前文已述，搭配升华令汉字实现了有限总量的长期无限应用，使开放系统的汉字能和谐地与时俱进。这要归功于包罗万象的汉字库成就了搭配升华的神奇天赋。

拼音文字并无类似于汉字库的文字库，谈不上搭配升华。而无此天赋，就只能膨胀式与时俱进，确实令人遗憾和无奈。

3. 双核多效

拼音文字可以认为是无核文字，而形声字被赋予双核，不仅开辟出一条一劳永逸的造新字捷径，更为不少形声字带来意音双重或单一传导功效，为快捷深刻领悟汉字带来莫大便利。此种天赋为任何拼音文字所望尘莫及，是开放系统文字和谐地与时俱进的重要功能之一。

双核功效细化，可达6效：

① 各取所需各自配对，造新字一劳永逸。

② 检字分类。

③ 提示部分正确字义。

④ 提示部分正确字音。

⑤ 相同偏旁下的字义字音区分信息。

⑥ 相同或相近读音下的字义区分信息。

4. 标准二维

前文已述，二维信息是一维信息的升级版。在量变到质变规律指引下，汉字乃世界上独一无二的多信息标准二维文字，其他少信息二维文字绝对难以与其媲美。

标准二维文字是聪慧文字的象征，二维架构是单个本原文字的最佳展示才华的天地，竞争比试的擂台。任何定性定量文字指标均可在该擂台获得充分验证。二维架构是聪慧文字涌现优越性的源泉。

标准二维天赋为汉字奠定了高效优质文字的坚实基础。

5. 单音天赋

文字的读音即为语言，语言和文字密切相关。语言交际的一个重要原则就是经济性原则，汉字读音为单音节，汉语绝大部分有意义的语素是单音节。汉字的一字千钧与汉语的一音千钧几乎是等价的，双双皆单，这是任何拼音文字不可思议的"单音现象"。

单音天赋为汉字永久流通及计算机语音处理奠定了简洁明快的语言基础，是汉字和谐与时俱进及计算机语音控制的重要保障之一。

6. 数字天赋

在数学广阔天地大显神通的阿拉伯数字，能胜任富于想象的虚拟夸张式文学定量描述吗？显然不能！如，挂一漏万、万无一失两个成语中的一与万，怎可用 1 与 10^4 替代？又如，一五一十这个全数字化成语中，能用 1 5 1 10 替代吗？岂非笑话？

汉字数字在文学领域大放异彩，魅力无穷。尤其是大写数字，作为金额的文字保护神，令不轨之徒望款兴叹，无从下手，为账款的神圣不可侵犯保驾护航，立下汗马功劳。任何拼音文字绝无账款金额的保驾护航功能，神奇的汉字数字天赋举世无双。

7. 强大无比的亲和力天赋

在地图上或在各类高楼大厦建筑上，汉字能离散地表达，甚至是天各一方地表达各种地图标志（如山脉河流湖泊及公路铁路行政区划等）名称或建筑名称，在观看者脑海里均能实现离散文字脑海会聚的神奇效果。地图上哪怕相距 5 厘米，现实距离相距500 公里，只要比例正确无误，丝毫不影响神奇的脑海会聚效果。

强大无比的汉字亲和力，令离散文字在脑海会聚，无疑是任何地理学家最钟爱的地图标注文字，最奇特的地图标注文字。

8. 随心所欲的书写表达天赋

表达是否灵活是否随心所欲乃文字的重要指标之一。二维汉字，方块点状，横竖任意，书写表达，随心所欲，灵活至极，是最理想的书写表达文字之一。

八大天赋令文字出类拔萃，神奇无比，为中华民族和全人类作出杰出贡献。具有八大天赋的神奇汉字是人类的骄傲。

点评

对拼音文字而言，汉字的八大天赋似乎与其无关，难以沾边。充其量前缀后缀词根之类与双核多效稍许沾边，但与造新词似乎关系并不大，不可与汉字的造新字一劳永逸同日而语，前后缀词根之类难以与汉字的双核多效媲美。

至于其他七大天赋，任何拼音文字皆难以设想：

拼音文字一旦变换，便无法等效（古代英语与现代英语就是如此）；搭配难以升华；一维信息无法变为二维信息；多音节难以单音节化；数字体系除阿拉伯数字外，根本没有自己的数字文字系统；长龙式字体，表达难以灵活完美；亲和力全然失去（单词中途换行，需短横相连；101以上的3位数字读音均需加and等，足以表明其亲和力全然失去）。

天资如此逊色，拼音文字怎么能超越汉字？文字的后起之秀，何以不像当今的科技后起之秀，能站在前人的肩膀上加以改进、完善、飞跃，再上一层楼超越前人？

关键在于表音表意一字之差也。该字金山银山都换不来。单片机指令系统、二维码和集成电路的实践告诉我们，表意的、二维的、集成的又能等效变换、自动升值、搭配升华的文字符号和包罗万象、与时俱进又一目了然的汉字库确实优秀至极，难以超越。

再看上网。在汉字进入计算机举步维艰之际，有人发难了：

计算机是汉字的掘墓人。

然而，有能力有志气的中华民族精英们是不会屈服于任何暂时困难的。何况时局正值改革开放之际，飞翔的思想冲破一切墨守成规，神奇的汉字信息多多，神州处处出现万马（码）奔腾景观，蔚为壮观。整个世界，为之震惊。苍天有眼，功夫不负有心人。终于，汉字的输入速度节节攀高，熟练者借助汉字的联想功能甚至可快于英语键入计算机，汉字进入计算机的障碍一扫而光。

汉王神笔"汉王九九"手写口说扫描均可轻松输入。口说手写每分钟可输入 150 个字，扫描每分钟可达 6000～9000 个字。

如今，据说共有 300 多种输入方法。手写 U 盘，1 分钟让你学会打字，每分钟最快可打 280 字以上，比打拼音快 3 倍。新方码打字王，不背字根，五个笔画打遍天下所有汉字。

难怪，在十几年前就有西方权威预言：

"……总有一天，全世界的人都将必修汉语，并以汉语语音来控制电脑。"（陈安定编著，《英汉比较与翻译》增订版，1998 年 8 月第一版，第 2 页）

振奋人心的高科技成就使美国企图用英语垄断电脑的使用和上网，企图以英语的通行无阻去消灭其他民族的母语文化的霸权主义战略宣告彻底失败（参见：柯灵、邓向阳、王仙易著《知识经济》，中南工业大学出版社 1999 年出版，第 267 页）。汉语汉字的国际地位获得显著提升。

综上所述，论文字天赋，汉字站在文字世界的珠峰之巅一览众山小。论上网，汉字后来居上，在电脑中，纵横驰骋，毫不逊色。尤其是，汉字的语音输入，因单音节性和逻辑性甚强，较之拼音文字更上一层楼。

可以断言，任何拼音文字绝对难以超越汉字。在文字世界，汉字遥遥领先于其他文字。

若干年后，或许正如《参考消息》在 2004 年 12 月 7 日所刊登的德国《南德意志报》文章"巨人长臂膀"中所预言的那样：

　　"突然，中国令全世界黯然失色；突然，全世界都想讲中文（汉语）。"

　　据报道，截至 2012 年，中国已在 108 个国家兴办 389 所孔子学院。孔子学院在世界各大洲遍地开花。2014 年 9 月 27 日，在孔子学院成立十周年的有关报道中披露，全球目前有 1 亿多外国人学习汉语，外国人学汉语热情高涨，人数逐年增多。据报道，有人推算，至 2015 年，全球将有超 2 亿外国人学汉语。加之遍布全球的华人，汉语之声响彻全球指日可待。

第十节　汉字颠覆文字传统定义

一、文字传统定义被质疑

尽管，语言和文字密切相关，但毕竟是两个不同的概念：语言乃是一切动物之本能，而文字则是人类的伟大发明，除人类之外的动物难以企及。

对人类而言，语言同样是种本能功能，很会讲话的人有可能是文盲或半文盲；不会讲话的哑巴，有可能识字甚多；盲人也可能成为伟大的作家，如美国盲人作家海伦。

不少有识之士对词典中有关文字的定义——文字是记录语言的书面符号提出质疑。例如，北京语言大学教授张朋朋在《汉字文化》杂志上著文指出：2000 多年前，汉代杨雄在《法言》中就明确指出，语言和文字的本质区别在于，语言是用语音来表达内心的思想，即"言者，心声也"；而文字是用书写如画的字形来表达内心的思想，即"书者，心画也"。

张教授指出：第一，北师大实验心理学家在研究中文阅读时发现，"阅读中文时语义的激活主要是由字形而非语音决定的，而人脑有视觉通道，可从字形中快速激活语义"。

第二，语言的本质是语音，文字的本质是字形，二者不完全一一对应。如，蒙古语有一语双文现象，蒙古国和我国内蒙古人使用同一种语言——蒙古语，但却使用不同的蒙古文，而汉语则是多语（普通话和众多方言）一文。

张教授还指出，语言和文字表达同一思想，只是表义形式的相互转化，类似于物理学上的能量转换，转换≠记录。

不过，如果从转换过程和转换结果来看，语言和文字之间的转换被描述成记录也未尝不可，歧义甚小，毕竟二者之间可找出一一对应关系。而能量的转换其实只有结果的对应，并无过程的一一对应，且转换还必然存在损耗。而语言和文字之间的转换既可一一对应，亦无损耗，描述成记录似乎更贴切些。

关键在于，文字是记录语言的书面符号，这一定义来自何方？显然来自拼音文字。拼音文字的词形直接表音，音为第一性，由音及义，义乃第二性。词形本身直接由表示音素的字母构成，是种音素文字。更关键的是，字母本身就是为记录语言而发明的，此种文字不定义为记录语言的书面符号才怪呢。因此，拼音文字乃记录语言的书面符号天经地义。

而汉字的发明在于用统一规范的字体来表达客观世界和主观世界包罗万象的概念。如，口、田、山、丫、凹、凸、伞等象形字十分明显地表达出客观世界的七种概念。即使形声字中的音符，其主要功能仍然是与意符一道确切表意，其可能发挥的提示读音的功能应视为并不完善的附加功能。

汉字的字义是用字形来固化的，其读音寄存或寄托在字形上，从而使形音义三者高度统一于一身。

因使用者个体差异、地域差异乃至时代变迁差异，字音较易发生某种变化，但并不怎么影响汉字的长期存活，原因正在于字义被字形所固化，可千百年不变。因而，神奇的汉字可超越任何方言超越时空，从古至今一脉相承。

既然汉字能超越任何方言而千百年长期存活，因而将其定义为记录汉语的书面符号显然与事实不符，此其一。

其二，更为重要的是，汉字是表意文字，其字形将意义固化并非将语音固化。词形固化语音的文字称之为记录语言的书面符号顺理成章，天经地义；而字形固化字义的文字，称之为记录语言的书面符号，难道不是将作为第一性的字义置于作为第二性的字音之后，颠倒主次了吗？表意表音文字可以混为一谈，采用同一定义吗？

我国著名的语言文字学家徐德江先生在其《论汉字的科学性》名著中指出：

"汉字，只有汉字，才能体现出人类文字的本质特点，才能真实、全面体现出人类文字发展的全过程和客观规律、正确认识人类文字发展的过去、现在和将来。"

因此，最能体现文字本质的汉字，最有资格以其理论和长期实践来定义文字，汉字必须颠覆来自于拼音文字的传统文字定义。

二、涵盖表意表音文字的文字定义

学者潘德孚认为，文字的定义应为：

"传递和记录信息的书面符号系统"。（引自："'文字是记录语言的符号'带来的概念错误"一文，见《汉字文化》，2008年2月，第65页。）

该定义简明扼要又全面，相对传统定义而言有三方面拓展：

1. 将语言拓展为信息，涵盖了思想、语言及其他欲表达的任何事物（包括客观存在和主观意识中的任何事物）。

2. 增加传递功能，这是比记录更为重要且有所不同的功能。

当然，广义传递即为传播。文字传递就是文化传播和知识传播，此乃文字最重要的功能。文字是传播知识的非易失性载体。正是有了文字载体，极其宝贵的大量古典的和当代的文献才能代代相传，永远流传。

3. 将符号拓展为符号系统，才真正体现出文字不仅仅指字母、词汇、汉字等之类的书面符号，更主要指某种文字的整个系统，如语法系统、词汇系统、缩略语系统、汉字库等。

三、汉字颠覆文字传统定义的意义

1. 维护了文字定义思维的正义性。文字是人类最高智慧的结晶，怎么仅仅只作为人类语言本能的记录工具？将人类语言本能拔高凌驾于最高智慧的伟大发明之上，颠倒了本能与伟大发明之间的主从关系。文字传统定义颠覆后便可正本清源，还文字以本原定义。

2. 确立了文字高于语言、文字指导语言的真理性。

3. 树立了汉字的权威性和神圣性。

语言文字学家徐德江先生有关汉字的上述精辟论述正是汉字权威性的生动体现。汉字的神圣性在经历进入计算机的万马（码）奔腾奋战后，获得进一步巩固与发扬。汉字乃神圣不可侵犯的伟大文字。

尽管拼音文字种类甚多，却难以展示人类神圣文字的风范。唯独一枝独秀的汉字，最有资格代表人类神圣文字的来龙去脉及其未来。学者徐德江关于汉字的科学论断正确英明，树立了汉字在文字世界的权威性和神圣性。

第十一节　天才符号与天才文字

此处天才，既指绝顶聪明，也指天长地久。在文字世界，满足二者的天才符号非阿拉伯数字莫属，满足二者的天才文字非汉字莫属。

阿拉伯数字 0、1、2、3、4、5、6、7、8、9 在数字数学领域纵横驰骋，神通广大，全球通用，绝顶聪明。

汉字数字〇、一、二、三、四、五、六、七、八、九与阿拉伯数字 0~9 何其神似乃尔！

再看 13 个数目单位的有序排列：

十——10^1、百——10^2、千——10^3、万——10^4、亿（万万）——10^8、十亿——10^9、百亿——10^{10}、千亿——10^{11}、万亿——10^{12}、十万亿——10^{13}、百万亿——10^{14}、千万亿——10^{15}、万万亿（亿亿）——10^{16}

多么规律有序！多么明确简约！简直是天造地设般般配！

再请看氢的 3 个同位素名称：

氕（piē）——^1H、氘（dāo）——^2_1H、氚（chuān）——^3_1H

氢气符号 H 似乎可视为对应意符"气"，H 左上角的核子数 1、2、3 则对应音符"丿"、"丌"、"川"的笔画数，二者对应如此巧妙，如此吻合，真不愧为天造地设般般配。天才符号对应天才文字，此三字全球仅此一家如此般配。尽管少数，尽管巧合，汉字能如此巧妙地命名氢的同位素名称，充分表明，汉字造字方式无比科学，美轮美奂，天才文字也！

天才文字与天才符号都有共同的高雅气质——符号直接表意、符号能等效变换、符号能一文千语（指阿拉伯数字与汉字）。

1. 符号直接表意

阿拉伯数字、单片机指令和汉字均直接表意。其实，科学计算与应用方面的大量数理化符号（含拉丁字母和希腊字母符号等）何尝不直接表意呢？符号直接表意是信息世界丰富多彩、群星璀璨的生动体现，是绝顶聪明的直观展示，是天才的伟大展示。符号和文字形体姿态最生动体现出伟大与天才。科学上的表意符号都可视为天才符号。

2. 符号能等效变换

英文字母虽有大小写之分，但大写往往有严格规定，如句子首字母必须大写，以便展示句首位置；排序与缩略语也往往大写。大小写虽等效，却切不可随意变换。

单片机指令可进行等效变换——机器码变换成汇编语言，便于记忆、理解与应用。等效变换有价值有意义。

阿拉伯数字可进行等效变换，便于书写、记忆与应用。如 $100000000=10^8$、$\frac{1}{100}=10^{-2}$、$384000=384 \times 10^3$，等等。

汉字的等效变换意义巨大而深远，几乎是生存和发展所必需。

如果没有汉字的简化，汉字将难以适应高科技突飞猛进时代发展的需要，特别是汉字进入计算机的需要。

如果没有汉字的一文千语、一主千从，汉字同样难以数千年一脉相承，甚至伟大的国家有可能难以保持数千年疆土一如既往。因政令畅通维系国家的统一与社会稳定，而一文千语、一主千从确保了政令畅通。

欧洲的拼音文字何以众多，国家何以众多，或许与其语言文字无法实现一文千语、一主千从有千丝万缕的联系。

文字的等效变换和一文千语、一主千从既罕见又十分伟大，应该发掘与充分肯定汉字汉语等效变换的积极作用，发掘与充分肯定一文千语、一主千从对巩固政权凝聚人心产生的积极作用。

这是汉字汉语的奇迹，同样是文字世界的奇迹。充分肯定汉字的奇迹，将有利于引导人类文字前进朝适应时代突飞猛进方向发展。

第十二节　在自由王国纵横驰骋的神奇汉字

　　现实生活中似乎总可找到与文字世界中某些现象相吻合或神似的现象。比如，文明社会中的司机与行人皆需遵守交通法规，接受红绿灯约束——红灯停、绿灯行。文明行车文明过马路天经地义无可非议，此乃世界各国城市交通常识，人人需遵守。

　　语法犹如语言文字世界中的"交通法规"，倘若不懂语法，不了解各种时态变化、词尾变化者将寸步难行。

　　拼音文字使用者绝对认为其语言文字十分严谨，丝丝入扣，各种时态变化、词尾变化等犹如红绿灯般表意确切，十分必要。词尾变化似乎就像司机开启转弯指示灯（方向指示灯）告诉交警和前后车辆那般必然和必须。

　　可是，随着时代进步、社会发展，出现了三高——高速公路、高速铁路和地铁、高架道路，将一维平面交叉交通提升为立体交叉单向行驶的高速交通，从而扬弃了红绿灯约束。

　　此种扬弃，可理解为解除"必然"的约束，而获得充分自由，哲学术语称之为从必然王国进入自由王国。

　　拼音文字神似于一维平面交叉的交通，必须受制于语法规则的种种约束，种种词尾变化，才能确切表意，显然应归属于必然王国的语言文字。

　　汉字汉语基本不受语法约束，完全顺应思维顺序展开，是以语序为主要语法的顺序控制型语言文字，更无所谓"词尾"变化，完全解除了左变右变的语法桎梏，获得了表达的充分自由和简洁明确。哲学上可称之为进入自由王国。

文字世界的必然王国与自由王国的区分，不仅仅在于进入门槛问题，更关键的是长期运行的与时俱进问题。

因为任何文字皆是开环系统，面对开环系统，究竟是词汇与日俱增的膨胀式与时俱进还是相对文字库而言是非膨胀式与时俱进，这才是关键的分水岭问题。

词汇和缩略语与日俱增的拼音文字当属膨胀式与时俱进，尽管面对实际解决了与时俱进问题，但对使用者而言却必须付出较大代价，因而成本高昂，不能视为善中之善的上策。

古老的汉字，面对有始无终的开环系统，相对于包罗万象、与时俱进又一目了然的汉字库——这是足以令任何拼音文字望而生畏望尘莫及的文字库——而言，却并非膨胀式与时俱进，靠汉字自身的自动升值与潜力无限的搭配升华，极其巧妙地实现了非膨胀式低成本与时俱进，即使要新造汉字，也是天造地设般一劳永逸地巧妙解决了——此种造字天才同样令任何拼音文字产生敬畏和敬佩。汉字相当理想地轻轻松松地解决了与时俱进问题。可是对拼音文字而言，如何能像汉字那样，轻轻松松地与时俱进，却是个令人头痛的世界大难题。

面对开环系统不可避免地与时俱进，汉字的轻松巧妙应对，不愧是文字世界中善中之善的上策。

汉字不仅完全解除了拼音文字不可或缺的语法桎梏的种种约束，昂首阔步跨入自由王国，又轻松巧妙地解决了前进道路上不断出现的与时俱进的世界大难题。加之方块汉字横竖任意灵活无比，在犹如立体交叉交通的自由王国中放飞思想，纵横驰骋，自由自在，成为文字世界自由王国中的天之骄子。

毛主席说："人类的历史，就是一个不断地从必然王国向自由王国发展的历史。这个历史永远不会完结。"（见《自然辩证法》杂志，1973年第1期卷首）我们从这个角度诠释语言文字学家徐德江先生关于汉字的著名论断（参见本书第213页）便豁然开朗：汉字确实代表了人类文字发展的全过程，确实代表了人类文字的过去、现在和将来。

在文字世界自由王国纵横驰骋的神奇汉字，最有资格引领世界文字朝自由王国前进，再前进。